Kommunikation im Alltag

Jürg Isenschmid

Kommunikation im Alltag

In der Familie – im privaten Netzwerk – im Unternehmen

2., überarbeitete und aktualisierte Auflage

Jürg Isenschmid
Merlischachen, Schweiz

ISBN 978-3-658-26635-6   ISBN 978-3-658-26636-3 (eBook)
https://doi.org/10.1007/978-3-658-26636-3

Die Deutsche Nationalbibliothek verzeichnet diese Publikation in der Deutschen Nationalbibliografie; detaillierte bibliografische Daten sind im Internet über http://dnb.d-nb.de abrufbar.

Springer
© Springer Fachmedien Wiesbaden GmbH, ein Teil von Springer Nature 2018, 2020
Das Werk einschließlich aller seiner Teile ist urheberrechtlich geschützt. Jede Verwertung, die nicht ausdrücklich vom Urheberrechtsgesetz zugelassen ist, bedarf der vorherigen Zustimmung des Verlags. Das gilt insbesondere für Vervielfältigungen, Bearbeitungen, Übersetzungen, Mikroverfilmungen und die Einspeicherung und Verarbeitung in elektronischen Systemen.
Die Wiedergabe von allgemein beschreibenden Bezeichnungen, Marken, Unternehmensnamen etc. in diesem Werk bedeutet nicht, dass diese frei durch jedermann benutzt werden dürfen. Die Berechtigung zur Benutzung unterliegt, auch ohne gesonderten Hinweis hierzu, den Regeln des Markenrechts. Die Rechte des jeweiligen Zeicheninhabers sind zu beachten.
Der Verlag, die Autoren und die Herausgeber gehen davon aus, dass die Angaben und Informationen in diesem Werk zum Zeitpunkt der Veröffentlichung vollständig und korrekt sind. Weder der Verlag, noch die Autoren oder die Herausgeber übernehmen, ausdrücklich oder implizit, Gewähr für den Inhalt des Werkes, etwaige Fehler oder Äußerungen. Der Verlag bleibt im Hinblick auf geografische Zuordnungen und Gebietsbezeichnungen in veröffentlichten Karten und Institutionsadressen neutral.

Die 1. Auflage ist erschienen unter dem Titel „Abwechslungsweise miteinander".

Springer ist ein Imprint der eingetragenen Gesellschaft Springer Fachmedien Wiesbaden GmbH und ist ein Teil von Springer Nature.
Die Anschrift der Gesellschaft ist: Abraham-Lincoln-Str. 46, 65189 Wiesbaden, Germany

Dieses Buch widme ich meinen beiden Kindern
Yves und Jasmin
in der Hoffnung, dass sie sich so oft wie möglich in den erfolgsversprechenden Charakterfeldern aufhalten mögen!
Euer Papi

Einstieg

Die allermeisten Bücher werden für definierte Zielgruppen geschrieben, sodass viele andere Menschen die Thematik bzw. „die Story" überhaupt nicht interessiert oder vielmehr nicht zu interessieren hat. Werke mit Führungsinhalten werden für Unternehmer und Führungskräfte geschrieben; Thriller für diejenigen, die während des Lesens stets von Aktion, Spannung und Überraschung gefangen sein wollen; und Esoterik-Bücher sprechen diejenigen an, die eine entsprechende Geisteshaltung haben bzw. sich dafür interessieren.

Dies ist hier zu 100 % anders!

Jürg Isenschmid führt mit seinem neuesten Werk das etablierte zielgruppenorientierte Schreiben ad absurdum. Halt…, nicht ganz. Einsiedler und notorische Besserwisser sind die einzigen Gruppen unserer Gesellschaft, die an diesem Buch keine Freude haben werden und für die der Inhalt keinen erhellenden Sinn ergibt. Es ist ein Buch für Menschen, unabhängig von Alter, Geschlecht, intellektuellem Grad, Berufsstand oder Geisteshaltung.

Wenn die Behauptung zutrifft, dass der Mensch sehr oft nach Glück und Erfolg strebt – unabhängig davon, ob beruflich oder privat – dann gehört dieses Buch als Standardwerk in jeden Haushalt.

Der Autor schafft es mit seiner unnachahmlichen Art, ohne dass ein Psychologiestudium oder Studium der Kommunikationswissenschaften von Nöten wäre, komplexe Zusammenhänge pragmatisch auf das tägliche Leben und Verhalten herunterzubrechen und mit einleuchtenden Beispielen zu pointieren, bei denen sich jeder ertappt fühlt.

Dies ist Lebenshilfe pur auf dem persönlichen Weg zu mehr Glück und Erfolg. Der Zusammenhang zwischen Verhalten und Erfolg wird konkret und einfach anhand eines Modells aufgezeigt. Doch damit nicht genug wird auch der Schlüssel zu mehr Harmonie gleich mitgeliefert.

Wer dieses Buch gelesen hat besitzt alle notwendigen Werkzeuge, sich selbst besser zu analysieren sowie sich selbst disziplinierter zu führen. Es strotzt vor Effektivität bei der Beantwortung der Frage, wie die wirklich wichtigen Dinge unseres Lebens angepackt werden können und dies auf eine einfache Art und Weise. Dieses Buch wird sich im Bewusstsein und Unterbewusstsein des Lesers seinen Platz schaffen.

Dr. Jörg Diehl
Manager im Bereiche Medizin

Endlich wieder einmal ein Management-Sachbuch, das weder längst bekannte wissenschaftliche Erkenntnisse neu abfüllt, noch plattitüdenhaft den Mahnfinger erhebt. Jürg Isenschmid hat „aus dem Leben für das Leben" geschrieben. Er zeigt mit klarer, verständlicher und einprägsamer Sprache auf, wie wir uns in unterschiedlichen sozialen Gefügen – im Beruf, in der Familie oder in privaten Netzwerken – immer wieder mit der Frage des richtigen bzw. angepassten Verhaltens konfrontiert sehen.

Als Ordnungsrahmen benutzt er ein Polarisierungsmodell, das sich an die Grundtransaktionsformen von Hermann Holliger anlehnt. Der Autor erklärt anhand dieses

Modells adäquates und inadäquates Verhalten – sowohl aus der übergeordneten als auch aus der untergeordneten hierarchischen Position. Das macht er konsequent für alle 8 Quadranten des Modells, das heißt für übergeordnete Charaktere, die auch eine untergeordnete Rolle wahrnehmen können sowie für untergeordnete Charaktere, die gleichzeitig eine übergeordnete Rolle ausüben können.

Was auf den ersten Blick eher theoretisch und kompliziert erscheint, löst sich nach und nach in sehr verständliche und nachvollziehbare Beispiele auf. Da Jürg Isenschmid anhand unterschiedlicher, lebensnaher Rollen – Eltern, Kinder, Freunde, Vereinsmitglieder, Vorgesetzte, Mitarbeitende – aufzeigt, wie sich das Bewegen in den verschiedenen Charakterfeldern auswirkt, richtet sich das Buch nicht nur an ein Fachpublikum, sondern an alle, die interessiert daran sind, wie zwischenmenschliche Beziehungsmuster ablaufen. Seine anschaulichen Beispiele führen uns vor Augen, wie schmal der Pfad zwischen angemessenem und unangemessenem Verhalten ist, da uns immer wieder Gefühle und Empfindlichkeiten leiten, die sich häufig nicht in gewünschtem Maße kontrollieren lassen. Der Autor begnügt sich aber nicht nur mit der Analyse, sondern er vermittelt konkrete Lösungsmuster. So zeigt er auf, wie eine gut ausgeprägte Reflexionsfähigkeit („mentale Bremse") potenzielle Konflikte entschärfen kann. Nur eine austarierte Balance zwischen den einzelnen Charakterfeldern führt zu einem wertschätzenden und erfolgreichen Miteinander. Er zeigt mit einfachen und anschaulichen Beispielen die Auswirkungen der Verhaltensweisen pro Charakterfeld auf. Er macht dies wiederum für alle Lebensbereiche: für Familien, für private Netzwerke und für Unternehmen. Leichtfüßig, konkret und ab und zu mit einem Augenzwinkern hält er dabei dem Leser den Spiegel vor. So erkennt man sich wieder und anhand konkreter Aha-Erlebnisse findet jeder plötzlich einleuchtende Erklärungen dafür, warum in der Vergangenheit die eine oder andere Situation ohne ersichtlichen Grund plötzlich eskaliert ist. Besonders lebensnah zeigt sich Jürg Isenschmid bei seinem Exkurs zum Kommunikationsverhalten der "Chatter"-Generation. Dabei zeigt er wiederum mit einem Augenzwinkern auf, warum – vermutlich bei jedem Leser – in der Vergangenheit ein zu Beginn harmloser Mail-Austausch plötzlich und unvermittelt aus dem Ruder laufen konnte.

Jürg Isenschmids Buch ist eine Einladung zu mehr Selbstreflexion. Seine Ausführungen sind verständlich, authentisch und berührend. Mir hat das Lesen deshalb sehr viel Spaß bereitet. Der Autor hat sein Ziel erreicht: Ich habe nachgedacht und dabei ist mir Vieles bewusster geworden – zudem habe ich mir vorgenommen, ab sofort Einiges zu verändern…!

Markus Jordi
Familienvater
Leiter Human Resources/Mitglied
der Konzernleitung SBB AG

Jürg Isenschmid schenkt uns mit seinem Buch ein wertvolles Instrument, denn er gibt uns die Grundlagen, um unser kommunikatives Verhalten im anforderungsreichen Berufs-, Familien- und Beziehungsleben zu verbessern.

Klar im Konzept, chirurgisch präzis, sprachlich unverblümt und begreifbar, zeigt der beruflich ausgewiesene Experte, lebenserfahrene Familienvater und Buchautor, wie man zwischenmenschliches Verhalten erfolgreich lebt und Fehler im gegenseitigen Umgang vermeiden kann.

Ein Höhepunkt des Buches ist das Kap. 10. Hier trifft der Autor einen Nerv unserer Zeit: Wussten Sie über die „Chatter"-Position oder gar, was „Phubbing" bedeutet? Spannend und ehrlich aufrichtig geschrieben, gibt uns der

Autor neue, wertvolle Grundlagen über den Umgang mit Menschen.

Unser nächstes Jahrzehnt wird matchentscheidend werden, um erfolgreiche Lösungen bei zahlreichen Herausforderungen für uns alle wie Klimawandel, Migration und soziale Gerechtigkeit für das Fortbestehen von uns Menschen zu finden. Dies wird nur mit bestmöglicher Kommunikation gelingen.

Jürg Isenschmid lehrt uns, dass guter gegenseitiger Austausch ein Schlüssel zum Erfolg ist. Eigentlich ist es sehr einfach: „Achte auf Deine Gedanken, denn diese entscheiden über Dein Leben."

Dr.med. Rolf F. Oetiker
Facharzt FMH für Orthopädische Chirurgie
und Traumatologie des Bewegungsapparates

Vorwort zur 2. Auflage

Nicht nur im eigenen alltäglichen Kommunikationsverhalten, sondern auch in vielen anderen Lebenssituationen braucht es oftmals Mut und Zuversicht, einen Fehler einzugestehen und diesen entsprechend zu korrigieren!

Deshalb habe ich den Buchtitel vom philosophischen Denkansatz „Abwechslungsweise miteinander" der 1. Auflage zur vorliegenden pragmatischen Überschrift „Kommunikation im Alltag" abgeändert! Wieso?

Ich will erreichen, dass jene Menschen dieses wunderbare Buch lesen, die sich mit Herz und Seele mit der alltäglichen Kommunikation im Kreise der Familie, im privaten Netzwerk oder im Unternehmen, in welchen sie arbeiten, auseinandersetzen und bereit sind, persönlich etwas zu einem konfliktarmen und harmonischen Miteinander beizutragen.

Dies konnte ich mit dem Titel der 1. Auflage nicht vollständig garantieren!

In der Zeit von der 1. Auflage (2017) bis hin zur 2. Auflage (2019) hat sich in der direkten Kommunikation von Angesicht zu Angesicht nichts geändert. Aus diesem Grund habe ich inhaltlich nur geringfügige Änderungen vorgenommen! Es handelt sich im Wesentlichen um „Satzkosmetik", Textanpassungen an den neuen Titel sowie das neue Kap. 10.

Wer kennt sie nicht – die alltäglichen Gesprächssituationen, die uns die Stirne „runzeln" lassen, die uns die Wände „hochgehen" lassen oder die uns kopfschüttelnd, ratlos und nachdenklich zurücklassen:

Sei es eine plötzlich eskalierende Familiendiskussion, weil sich eine oder mehrere Personen falsch verstanden fühlen ...

Sei es eine Debatte im privaten Netzwerk, welche plötzlich in persönlichen Gehässigkeiten ausartet ...

Sei es eine Besprechung am Arbeitsplatz, die in gegenseitigen unangemessenen Schuldzuweisungen überbordet ...

Alle drei Begebenheiten hinterlassen bei den meisten Beteiligten ein ungutes Gefühl und lassen eine Frage offen: „Wieso musste es soweit kommen?"

Auf diese Frage will ich Ihnen in meinem vorliegenden Buch „Kommunikation im Alltag" eine Antwort geben!

Mithilfe eines einfachen Polarisierungsmodells zeige ich Ihnen auf, wie Sie sich, egal ob Mutter, ob Vater, ob Jugendlicher, ob Vereinsmitglied, ob Vorgesetzter oder Mitarbeitender, in Ihrer Rolle kommunikativ verhalten und bewegen können, damit das Miteinander in der bestehenden Gemeinschaft zu einem harmonischen und möglichst störungsfreien Erlebnis wird!

Das vorliegende Buch ist ein in sich abgeschlossenes Werk und ergänzt mein früheres Buch „Führen – In der Einfachheit liegt die Stärke". Aus diesem Grund habe ich darauf verzichtet, gewisse Verhaltensmuster nochmals im Detail zu erläutern.

Mit wem auch immer Sie in Zukunft in den unterschiedlichsten Gemeinschaften zusammentreffen, ob mit Freunden, Nachbarn, Kolleginnen, Familienmitgliedern, Vorgesetzten oder Mitarbeitenden – vergessen Sie bitte nicht, es sind Menschen wie Sie und ich – mit Herz und Gefühlen.

Da kann es immer vorkommen, dass Fehler passieren – nicht nur bei den anderen.

Ich wünsche Ihnen viel Spaß beim Lesen und vor allem Erfolg bei der Umsetzung!

7. Juli 2019   Herzlichst
Jürg Isenschmid

Vorwort

Sie sind gerade mitten in einer heftigen Diskussion im Kreise Ihrer Familie. Plötzlich beginnt Ihre 15-jährige Tochter loszuschreien und verlässt heulend die Runde mit den Worten: „Es ist einfach unmöglich, mit euch ein Gespräch zu führen, weil ihr euch keine Mühe gebt, mich zu verstehen!"

Sie sind als herkömmliches Mitglied eines Vereins an einer Versammlung anwesend. Auf einmal kommt eine gehässige Stimmung unter den Teilnehmern auf, das eine Wort ergibt das andere – die Sitzung droht beinahe zu eskalieren.

Im Unternehmen, in welchem Sie arbeiten, findet eine Besprechung über die neuen Spesenrichtlinien für das kommende Jahr statt. Nach 45 Minuten hitzigster Debatte klopft der Vorgesetzte auf den Tisch, steht mit hochrotem Kopf auf und beendigt das Meeting mit lauter Stimme: „So, nun fertig mit dem Wortgefecht, die Richtlinien werden exakt so umgesetzt – Schluss!"

Alle drei Begebenheiten haben etwas gemeinsam – sie hinterlassen bei den meisten Anwesenden ein ungutes und flaues Gefühl!

Wieso musste es so weit kommen?

Auf diese Frage soll Ihnen mein Buch eine Antwort geben!

Was können wir tun, damit solche Situationen die Ausnahme sind? Welche Möglichkeiten haben wir, um solche oder ähnliche Vorkommnisse zu vermeiden? Was können Sie selber tun, egal ob Mutter, ob Vater, ob Jugendlicher, ob Vereinsmitglied, ob Vorgesetzter oder Mitarbeitender, um sich Ihrer Rolle entsprechend zu verhalten, damit das Miteinander in einer bestehenden Gemeinschaft zu einem harmonischen und störungsfreien Erlebnis wird?

Natürlich, Sie können es sich einfach machen und meinen, die anderen seien schuld – das allerdings könnte ein Trugschluss sein!

Das Buch ist weder ein psychologischer Ratgeber noch ein Allheilmittel ohne Nebenwirkungen – nein, es ist eine Aufzeichnung über verschiedene Charaktere und Situationen, so wie Sie und ich diese beinahe täglich erleben beziehungsweise durchleben.

Mithilfe eines einfachen Polarisierungsmodells will ich Ihnen aufzeigen, wie Sie in unterschiedlichsten Konstellationen vorgehen können, um danach zu erkennen, ob nun tatsächlich die anderen Schuld sind.

Das vorliegende Buch ist eine in sich abgeschlossene Ausarbeitung und ergänzt meine Veröffentlichung von 2013 „Führen – In der Einfachheit liegt die Stärke". Aus diesem Grunde habe ich darauf verzichtet, gewisse Verhaltensgrundsätze nochmals im Detail darzustellen.

Mit wem auch immer Sie in den unterschiedlichsten Gemeinschaften zusammentreffen, ob mit Freunden, Kolleginnen, Familienmitgliedern, Vorgesetzten oder Mitarbeitenden – vergessen Sie bitte nie, es sind Menschen wie Sie und ich – mit Herz und Gefühlen.

Da kann es immer geschehen, dass Fehler passieren – nicht nur bei den anderen!

Während des Schreibens dieses Buches war ich in einem speziellen Netzwerk eingebunden – mit jener Person nämlich, die mir dabei geholfen hat, meine Ideen und Vorstellungen so zu verwirklichen, wie ich mir das vorgestellt und erhofft habe:

Anita, ich danke Dir für all Deine Arbeit, Deine Energie und Deine Geduld, welche Du während unserer wunderbaren Zeit in Otranto (Apulien), wo wir gemeinsam während vieler Wochen die Grundlage für dieses Werk geschaffen haben, erledigt respektive aufgebracht hast! Ohne Deine Mithilfe würden im vorliegenden Buch wohl kaum visuelle Unterstützungen für die Leser verfügbar sein!

Aus tiefstem Herzen – Dankeschön!

Auch hast Du mir immer wieder gezeigt, wie elegant Du Dich in unserem Polarisierungsmodell bewegen kannst – vorbildlich – ich wünschte mir, es gäbe mehr Menschen, die ähnlich denken und handeln wie Du das tust!

7. Juli 2017   Herzlichst
Jürg Isenschmid

Inhaltsverzeichnis

1 Einleitung   1
  1.1 Netzwerk versus Hierarchie   4
    1.1.1 Die Hierarchie   4
    1.1.2 Das Netzwerk   6
  1.2 Fazit   7

2 Das Polarisierungsmodell   11
  2.1 Allgemeines   11
  2.2 Erläuterung des Modells   14
    2.2.1 Die Position   14
    2.2.2 Das Positionieren   17
    2.2.3 Die Verhaltensaspekte   19
  2.3 Fazit   23

3 Die übergeordneten Charaktere   25
  3.1 Das autoritäre Verhalten   25
    3.1.1 Die Eltern   26
    3.1.2 Die Freunde   27
    3.1.3 Die Vorgesetzten   28
    3.1.4 Fazit   29
  3.2 Das autoritätslose Verhalten   30

		3.2.1	Die Eltern	31
		3.2.2	Die Freunde	32
		3.2.3	Die Vorgesetzten	33
		3.2.4	Fazit	34
	3.3		Das autoritative Verhalten	35
		3.3.1	Die Eltern	35
		3.3.2	Die Freunde	36
		3.3.3	Die Vorgesetzten	37
		3.3.4	Fazit	38
	3.4		Das faire Verhalten	39
		3.4.1	Die Eltern	40
		3.4.2	Die Freunde	41
		3.4.3	Die Vorgesetzten	42
		3.4.4	Fazit	43
	3.5		Zusammenfassung	44
4	**Die untergeordneten Charaktere**			**47**
	4.1		Das anarchistische Verhalten	47
		4.1.1	Die Kinder	48
		4.1.2	Die Freunde	49
		4.1.3	Die Mitarbeitenden	50
		4.1.4	Fazit	51
	4.2		Das devote Verhalten	52
		4.2.1	Die Kinder	53
		4.2.2	Die Freunde	54
		4.2.3	Die Mitarbeitenden	55
		4.2.4	Fazit	56
	4.3		Das initiative Verhalten	57
		4.3.1	Die Kinder	58
		4.3.2	Die Freunde	59
		4.3.3	Die Mitarbeitenden	60
		4.3.4	Fazit	61
	4.4		Das kooperative Verhalten	62
		4.4.1	Die Kinder	63
		4.4.2	Die Freunde	64

	4.4.3 Die Mitarbeitenden	65
	4.4.4 Fazit	66
4.5	Zusammenfassung	67

5 Gesamtübersicht — 69
- 5.1 Charakterfelder — 70
- 5.2 Der schmale Pfad — 71
- 5.3 Der Trugschluss — 72

6 Die erfolgreiche Balance — 75
- 6.1 Allgemeines — 76
- 6.2 In der übergeordneten Position — 76
  - 6.2.1 In der Familie — 77
  - 6.2.2 Im privaten Netzwerk — 79
  - 6.2.3 Im Unternehmen — 81
- 6.3 In der untergeordneten Position — 83
  - 6.3.1 In der Familie — 83
  - 6.3.2 Im privaten Netzwerk — 85
  - 6.3.3 Im Unternehmen — 87
- 6.4 Fazit — 89
  - 6.4.1 In der übergeordneten Position — 91
  - 6.4.2 In der untergeordneten Position — 93

7 Beispiele der erfolgreichen Balance — 97
- 7.1 In der Familie — 97
  - 7.1.1 Ausgangssituation — 98
  - 7.1.2 Idealer Ablauf — 101
- 7.2 Im privaten Netzwerk — 108
  - 7.2.1 Ausgangssituation — 109
  - 7.2.2 Idealer Ablauf — 112
- 7.3 Im Unternehmen — 118
  - 7.3.1 Ausgangssituation — 118
  - 7.3.2 Idealer Ablauf — 121
- 7.4 Fazit — 132

8 Die destruktive Balance — 137
- 8.1 In der übergeordneten Position — 139
  - 8.1.1 Ausgangssituation — 140
  - 8.1.2 Destruierender Ablauf — 142
  - 8.1.3 Fazit — 146
- 8.2 In der untergeordneten Position — 149
  - 8.2.1 Ausgangssituation — 149
  - 8.2.2 Destruierendes Verhalten — 152
  - 8.2.3 Fazit — 159

9 Die Wahrscheinlichkeit der gegenseitigen Infizierung — 163
- 9.1 Unangemessenes Verhalten — 164
- 9.2 Angemessenes Verhalten — 167
- 9.3 Fazit — 170

10 Die digitale Kommunikation — 173
- 10.1 Die „Chatter"-Position — 174
  - 10.1.1 Auswirkungen — 175
  - 10.1.2 Interpretationsvielfalt — 177
- 10.2 Entfremdung durch Phubbing — 180
  - 10.2.1 Was ist Phubbing — 181
  - 10.2.2 Beispiele von Phubbing — 182
- 10.3 Fluch oder Segen — 184
- 10.4 Fazit — 186

11 Das eigene Verhalten — 187
- 11.1 In der übergeordneten Position — 188
- 11.2 In der untergeordneten Position — 190
- 11.3 Fazit — 192

12 Schlusswort — 195

Über den Autor

Jürg Isenschmid 07.07.1957
Seit 35 Jahren Vater.
Seit 33 Jahren Unternehmer.
Autor des Buches: „Führen – In der Einfachheit liegt die Stärke", bei Springer Gabler erschienen.

Sowohl als Familienvater, als Vorgesetzter, als Mitarbeitender, als Unternehmer und als herkömmliches Mitglied von Vereinen habe ich in meinem Leben gelernt, mich in verschiedensten Gemeinschaften zu integrieren und zu bewegen – sowohl in übergeordneter wie auch in untergeordneter Position.

In meinem faszinierenden Beruf durfte ich mit meiner Firma verschiedenste Unternehmen in Europa im Bereich des Zusammenarbeitens und Zusammenlebens begleiten und habe dabei erstaunliche Unterschiede festgestellt. Diese Verschiedenheiten erlebe ich jedoch nicht nur im geschäftlichen Bereich, sondern beobachte dies ebenfalls intensiv in meinem privaten Umfeld.

Es wäre so einfach ein erfolgreiches Miteinander zu gestalten, sofern sich alle Beteiligten an gewisse Regeln und Normen halten würden!

1

Einleitung

Sie können es drehen und wenden so oft Sie wollen – Sie werden immer zum selben Schluss kommen:

Die meisten Menschen leben in verschiedensten Gemeinschaften. Sei es im Netzwerk der eigenen Familie, sei es in einem losen Verbund mit Freunden oder sei es im beruflichen Zusammenarbeiten in einer Hierarchie. Immer und überall bewegen wir uns in einem Verbund von verschiedenen Menschen und jeder einzelne hat im jeweiligen Netzwerk eine ganz bestimmte Position – als Mutter, als Vater, als Jugendlicher in der Familie, als Partner, als Vorgesetzter, als Mitarbeitender, als Angehöriger einer Vereinsführung oder als herkömmliches Mitglied in einem Verein.

Diese gesellschaftliche Form des Miteinanders ist nicht immer ganz einfach, zumal die Mehrzahl von uns allen ein natürliches Bedürfnis nach Harmonie und Frieden hat. Gleichzeitig will jeder einzelne in seiner Rolle, welche er gerade einnimmt, dass man ihn so behandelt, wie er glaubt behandelt werden zu müssen. Und genau in dieser Hinsicht bestehen in vielen Netzwerken ganz unterschiedliche Vorstellungen, Ansichten und Bedürfnisse.

Diese Tatsache führt dann oftmals zu einer Form des Zusammenlebens, welche nicht mehr von allen Beteiligten als angemessen und zielorientiert empfunden wird.

Vielfach sind unüberlegte, provokative und egoistische Verhaltensweisen die Auslöser für die zwischenmenschlichen Störungen in den verschiedenen Netzwerken! Störungen, welche in den uns bekannten Formen nicht sein müssten.

Wer hat schon gerne Streit in der eigenen Familie? Wer liebt denn schon die zwischenmenschlichen Reibereien mit dem Vorgesetzten oder mit Arbeitskollegen? Wer lebt gerne in Disharmonie mit seinen Freunden? Ich kenne nicht viele, die eine solche Form des Miteinanders anstreben – und doch gibt es sie öfter als wir denken!

Weshalb es zu solchen negativen Situationen kommt und wie wir diese vermeiden können, darauf soll Ihnen dieses Buch eine Antwort geben.

Das Verhalten aller Beteiligten in einem Netzwerk oder in einer Hierarchie ist entscheidend für das Wohlergehen des jeweiligen Systems und folglich für den Erfolg oder Misserfolg der auferlegten Mission. Wir alle haben nicht nur Rechte, sondern auch Pflichten. Eine dieser Pflichten besteht darin, sich in der jeweiligen Gemeinschaft so zu bewegen, dass Respekt und Toleranz in verschiedensten Situationen gegenüber allen Beteiligten eine logische Folge unseres Tuns sind!

Das „Dilemma" im Zusammenleben mit anderen Menschen, egal ob Mitarbeitende, Familienmitglieder, Vorgesetzte oder Freunde und Kollegen besteht darin, dass sich unsere Wunschvorstellung über deren Idealverhalten in der Schlusskonsequenz nicht mit dem eigenen Verhalten denjenigen gegenüber deckt! Das heißt, dass wir sie, absichtlich oder unabsichtlich, nicht entsprechend behandeln und ihnen dadurch nicht die Möglichkeit geben, so zu sein oder sich so zu entfalten, wie wir uns dies vorstellen.

> **Als Beispiele:**
>
> Ein Vorgesetzter wünscht sich seine Mitarbeitenden als kreative, kooperative, mitdenkende, initiative, teamfähige und loyale Arbeitnehmer. Behandelt er sie nun auch so, damit diese kreative, kooperative, mitdenkende und loyale Teamplayer sein können?
> Die Eltern erwarten von ihren Kindern, dass sie anständig, zielstrebig, fröhlich und positiv denkend durchs Leben gehen. Geben sie ihnen nun in ihrer Erziehung, in ihrer Vorbildfunktion und in ihrer Art der Kommunikation und des Zusammenlebens auch die Möglichkeit, sich in diese Richtung entwickeln zu können?
> Ein Freund erwartet von seinen Kollegen und Freunden, dass diese ihm gegenüber zuverlässig, einfühlsam, hilfsbereit und humorvoll sind. Geht er selber entsprechend mit ihnen um, damit diese seinen Wunschvorstellungen entsprechen können oder wollen?

Der Schlüssel zum harmonischen Zusammenleben in all diesen Netzwerken besteht in der erfolgreichen Balance des eigenen Verhaltens.

Zu merken und zu spüren, in welchen Situationen Sie sich überordnen wollen oder müssen, zu akzeptieren, dass es momentan zielorientierter ist, sich kommunikativ untergeordnet zu positionieren, sind die entscheidenden Grundlagen für ein störungsfreies Miteinander.

Dieses Fingerspitzengefühl zu entwickeln und angemessen umzusetzen ist eine Frage der eigenen Disziplin und der Fähigkeit, sich selber auch mal zu hinterfragen und gegebenenfalls „zurücknehmen" zu können.

1.1 Netzwerk versus Hierarchie

Sie lesen in diesem Buch häufig die Wörter Hierarchie, Netzwerk, Verbund oder Gemeinschaft. Da die meisten Verbindungen in irgendeiner Form netzwerkähnlich oder hierarchisch strukturiert sind, will ich die beiden Gemeinschaftsformen Hierarchie und Netzwerk im Einstieg kurz definieren.

Meine Erfahrungen haben mich gelehrt, dass bezüglich des eigenen, kommunikativen Verhaltens keine großen Unterschiede bestehen, ob Sie sich in einer unternehmerischen Hierarchie oder in einem herkömmlichen Netzwerk bewegen. Allerdings stellt sich die Frage, ob bezüglich Toleranz und Rangordnung ein Unterschied zwischen den beiden Gemeinschaften besteht? Hier tendiere ich doch eher zu einem JA.

1.1.1 Die Hierarchie

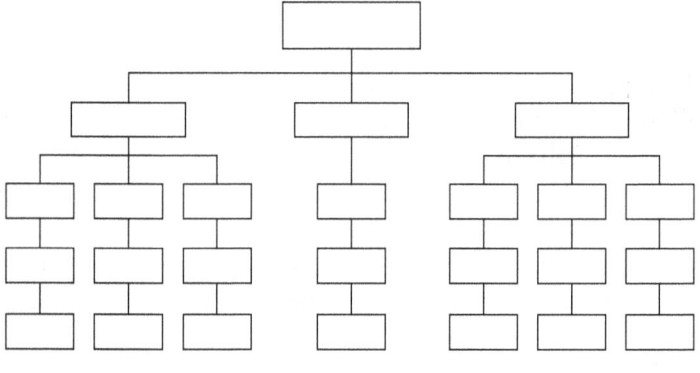

Hierarchie

Eine Hierarchie finden Sie in fast allen Unternehmen, auch wenn einige diese als Netzwerk bezeichnen!

1 Einleitung

In den jeweiligen Organigrammen ist der Entscheidungsweg des Unternehmens aufgezeichnet.

Eine klar festgelegte Hierarchie hat den Vorteil, dass die verschiedenen Verantwortlichkeitsfelder definiert und die entsprechenden Entscheidungskompetenzen eindeutig festgelegt sind. Allerdings kann das in der Praxis zu gewissen persönlichen Empfindlichkeiten führen, die in einer Zusammenarbeit störungsanfällig sind.

Das Organigramm beschreibt die formelle Hierarchie des Unternehmens. Gelegentlich wäre es interessant, wenn man daraus ebenfalls die bestehenden „Seilschaften" oder Netzwerke im Unternehmen herauslesen könnte!

Je nach Kultur und Philosophie eines Unternehmens können die Mitarbeitenden an den verschiedenen Entscheidungsprozessen mitwirken. Schlussendlich jedoch muss jemand entscheiden. Dies ist in der Regel die für den zuständigen Bereich verantwortliche Person. Die ist hierarchisch festgelegt und kann aus dem bestehenden Organigramm abgeleitet werden.

Um die Entscheidungswege möglichst kurz zu halten und dadurch die Reaktionszeiten zu verkürzen, ist man in vielen Unternehmungen dazu übergegangen, mit sehr „flachen" Hierarchien zu operieren. Dadurch kommen sich die untergeordneten und übergeordneten Positionen immer näher.

Damit das Zusammenleben in einer Hierarchie für alle Beteiligten angenehm und erfolgreich abläuft, ist es entscheidend, dass sich sowohl die übergeordneten wie auch die untergeordneten Mitwirkenden, gegenseitig und abwechslungsweise im eigenen Verhalten beziehungsweise in der Art ihrer Kommunikation, angemessen ergänzen.

Zusätzlich sollten sie sich, im Rahmen der vorhandenen Möglichkeiten in ihren definierten Rollen, je nach gegebener Situation, flexibel positionieren können. Darüber erfahren Sie später mehr.

1.1.2 Das Netzwerk

Netzwerk

Ich beziehe mich ausschließlich auf physische soziale Netzwerke, in denen sich Menschen von Angesicht zu Angesicht begegnen. Die sozialen Netzwerke wie Twitter, Facebook oder Xing leben ja hauptsächlich vom digitalen Verkehr und sind deshalb in den folgenden Darstellungen nicht berücksichtigt. Darauf gehe ich im Kapitel 10 (Die digitale Kommunikation) gesondert ein.

Ein physisches soziales Netzwerk ist ein „Beziehungsgeflecht" zwischen zwei oder mehreren Menschen. Es existiert sowohl in Unternehmungen wie auch unter Kollegen, unter Freunden, in Familien oder in verschiedensten anderen Interessengemeinschaften. Das Netzwerk dient in der Hauptsache dazu, die Beziehungen für verschiedenste Bedürfnisse zu aktivieren und zu nutzen. Es soll von gegenseitigem Geben und Nehmen profitieren.

Die Kommunikationswege sind frei und nicht schriftlich festgelegt. Die Idee eines physischen sozialen Netzwerks besteht darin, nicht nur über Telefon oder Computer zu kommunizieren, sondern sich in regelmäßigen Abständen auch von Mensch zu Mensch zu treffen und auszutauschen. Die Teilnehmer sind allerdings größtenteils frei von jeglichen Verpflichtungen, nicht jedoch von gewissen Pflichten.

Auch in einer solchen Gemeinschaft ist es entscheidend, in welcher Form die Teilnehmer miteinander umgehen und kommunizieren, damit ein möglichst störungsfreies zwischenmenschliches Kollektiv aufrecht erhalten werden kann.

Denn nur durch ein einwandfreies Miteinander ist ein Netzwerk in der Lage, die gemeinsamen Interessen und Absichten erfolgreich zu verfolgen, zu gestalten und zu unterstützen.

1.2 Fazit

Was das eigene Verhalten und die Art und Weise der Kommunikation anbetrifft, spielt es keine wesentliche Rolle, ob Sie sich in einer Hierarchie oder in einem Netzwerk bewegen.

Der Hauptunterschied besteht darin, dass in einer Hierarchie die verschiedenen Rollen und Positionen klar definiert sind. Es bestehen eindeutige Aufzeichnungen über übergeordnete und untergeordnete Bereiche und Aufgaben. Diese sind fix installiert.

Tatsächlich bestehen in all den hierarchischen Verbindungen teilweise auch gewisse Abhängigkeiten. Es braucht eine gesunde Portion Selbstvertrauen und Mut, sich in einer Hierarchie der „stillen Abhängigkeit" im richtigen Moment angemessen überzuordnen. Vor allem dann, wenn man in einer hierarchisch untergeordneten Position seine Aufgabe zu erfüllen hat.

In einem Netzwerk gibt es keine offiziell festgeschriebenen Funktionen, ausgenommen in Vereinsstatuten. Jeder

Einzelne ist frei und in der Lage, seine eigene Position zu definieren und festzulegen. Es gilt das Recht der wechselnden Rollen.

In der Tat sieht es in der Praxis oftmals ein bisschen anders aus. Auch in einem Netzwerk existieren Verantwortlichkeiten, auch in einem Netzwerk kann es eine Hierarchie und „stille Abhängigkeiten" geben. Allerdings ist es meist einfacher ein Netzwerk zu verlassen, wenn Sie mit den vorhandenen Umständen nicht mehr einverstanden sind, als sich von einer Hierarchie zu trennen und die damit verbundene eigene Arbeitsstelle aufzugeben.

Es existieren jedoch auch Netzwerke, von denen Sie sich nicht ohne weiteres trennen können. Ich denke dabei beispielsweise an das Netzwerk der eigenen Familie.

Wie auch immer – es lohnt sich meistens, das eigene Verhalten in den jeweiligen Gemeinschaften situativ anzupassen und dadurch ein angenehmes Miteinander optimal zu unterstützen!

Wie bereits erwähnt, leben die meisten Menschen in Netzwerken oder in Hierarchien zusammen – sei dies in der Familie, im Beruf oder privat unter Freunden.

Mit dem Modell, mithilfe dessen ich Ihnen die verschiedensten Charaktere, aber auch die unterschiedlichen Möglichkeiten des Verhaltens aufzeige, können Sie praktisch sämtliche Situationen, welche im Buch erläutert werden, auf Ihre eigenen Gegebenheiten in den jeweiligen Gemeinschaften, in denen Sie sich bewegen, adaptieren.

In welcher Rolle Sie sich in einem kommunikativen Prozess auch befinden – ob als Mutter, als Vater, als Mitarbeitende/r oder als Vorgesetzte/r, ob als Teilnehmer an einem Netzwerkmeeting oder als Gesprächspartner im Freundeskreis – Sie werden automatisch eine bestimmte Position beziehen. Entweder ist es eine übergeordnete oder eine untergeordnete Position.

1 Einleitung

Es ist von Vorteil, wenn Sie Ihr Verhalten entsprechend der jeweiligen Position, in der Sie sich befinden, angemessen ausrichten können und selber bestimmen, in welchem Charakterfeld Sie sich bewegen wollen oder können!

Wie gestaltet sich ein erfolgreiches Verhalten in welcher Situation?

Diese Frage können Sie mithilfe des Modells und den dargestellten Beispielen selbst beantworten. Sie haben mit diesem Buch die Möglichkeit, Ihre eigene Position in dem jeweiligen Netzwerk, in dem Sie sich befinden, und das eigene Verhalten zu ermitteln und allenfalls zu hinterfragen. Ebenfalls können Sie das Verhalten und die Positionen Ihrer Netzwerkpartner überprüfen.

Bestenfalls werden Sie danach in ähnlichen Situationen anders reagieren, um dadurch ein harmonisches Miteinander noch bewusster und intensiver zu unterstützen.

Dabei wünsche ich Ihnen viel Spaß!

2

Das Polarisierungsmodell

2.1 Allgemeines

Ich habe das Modell aus der Morphologie der 12 Grundtransaktionsformen (Hermann Holliger) abgeleitet und entsprechend ergänzt.

Sie werden auf den kommenden Seiten oft die Wörter „übergeordnet" oder „untergeordnet" lesen. Bitte bewerten Sie diese Begriffe nicht als negativ oder gar minderwertig. Es sind lediglich Beschreibungen und Darstellungen, welche die aktuellen Positionen dieser Menschen, in der Gemeinschaft in welcher sie sich gerade aufhalten, bezüglich ihrer Aufgabe und der jeweiligen Situation aufzeigen. Diese Positionen und das damit verbundene Verhalten haben, das werden Sie später sehen, eine wesentliche Auswirkung auf das Zusammenleben in den jeweiligen Netzwerken oder Hierarchien.

Wie bewegen Sie sich kommunikativ in einem Netzwerk, wie in einer Hierarchie?

Egal welche Aufgabe Sie in Ihrem Leben zu erfüllen haben. Ob Mutter, ob Vater, ob Lehrer, ob Busfahrer, ob Schiffsführer, ob Angestellter, ob Generaldirektor, ob Verwaltungsratspräsident, ob Straßenarbeiter, ob Bürofachangestellter, ob Verkäufer, ob Einkäufer, ob Kioskangestellter, ob Arzt, ob Vorstandsvorsitzender, ob Krankenschwester, ob Bademeister, ob Journalist oder ob Unternehmer – was Sie auch tun, Sie werden sich in Ihrem Leben niemals in einer Rangordnung ausschließlich in derselben hierarchischen Stufe befinden können. Jeder von uns ist, je nach Situation, entweder hierarchisch übergeordnet oder hierarchisch untergeordnet. Und dies hat Konsequenzen auf das eigene Verhalten!

Wer das nicht akzeptieren kann und sich selbst immer als die übergeordnete Person betrachtet, sich zusätzlich dementsprechend verhält, hat die besten Voraussetzungen, in vielen Situationen der Hauptgrund für allfällige Eskalationen zu sein!

> **Zum Verständnis folgende Beispiele:**
>
> Ein Direktor einer großen Firma steht, seiner Funktion wegen, in vielen Situationen auf der hierarchisch übergeordneten Stufe.
>
> Nun unternimmt dieser Direktor mit seiner Ehefrau eine Schiffsreise. Ab dem Moment, ab welchem das Paar das Schiff betritt, ist die ihm hierarchisch übergeordnete Person der Kapitän! Der Direktor begibt sich nun in eine untergeordnete Position, denn die Entscheidungskompetenzen sowie die Verantwortlichkeiten in dieser neuen Gemeinschaft sind nicht in seiner Hand, sondern sind die Aufgaben des Kapitäns. Entsprechend muss sich jetzt auch das Verhalten des Direktors der neuen Situation angemessen anpassen.
>
> Oder eine Krankenschwester.

2 Das Polarisierungsmodell

> Gemäß Organigramm des Krankenhauses ist die Krankenschwester hierarchisch in einer untergeordneten Rolle. Sobald sie jedoch ihre Aufgabe bei den Patienten wahrnimmt, begibt sie sich automatisch in eine übergeordnete Position, da sie die Verantwortung und die Entscheidungskompetenz im Rahmen ihrer Aufgabe inne hat und diese auch ausübt.

Genauso verhält es sich in Netzwerken! Je nach Situation, Gegebenheit und Umstand sind wir in einer unter- oder in einer übergeordneten Position. Es ist immer die Frage, wer die Verantwortung trägt und wer die Entscheidungskompetenz hat.

Auch in einem Familiennetzwerk ist das so – nicht immer tragen Vater oder Mutter die Verantwortung. Wenn sie diese bewusst für eine bestimmte Aufgabe den Kindern übertragen haben, so müssen die Eltern in der Lage sein, diese herbeigeführte Situation zu respektieren und sich vorübergehend den Kindern unterzuordnen! Ansonsten ist die Disharmonie nur eine Frage der Zeit.

Ausschlaggebend für die Tatsache in welcher hierarchischen Position Sie sich aktuell bewegen, ist immer die momentane Situation und mit welcher Person Sie gerade in einem kommunikativen Kontakt stehen.

Deshalb sind Sie in Ihrem Leben in einem stetigen Wechselspiel zwischen den zwei möglichen Positionen – in der einen Situation befinden Sie sich in einer übergeordneten, in der anderen Konstellation in einer untergeordneten Position.

Dadurch bleibt das Leben spannend und interessant!

2.2 Erläuterung des Modells

Ü	ü	u
i		
a		

U	ü	u
i		
a		

Polarisierungsmodell

So sieht das leere Modell aus. Sie sehen zwei identische Raster mit teilweise unterschiedlichen Buchstaben:

Im oberen Teil sehen Sie die Buchstaben Ü/ü/u/i/a
Im unteren Teil sehen Sie die Buchstaben U/ü/u/i/a

Der obere der und untere Teil des Modells unterscheiden sich im Moment nur durch die beiden groß geschriebenen Buchstaben Ü beziehungsweise U.

Diese großen Buchstaben sind positionsbezogen, die kleinen Buchstaben sind verhaltensbezogen.

2.2.1 Die Position

Sowohl in einem Netzwerk wie auch in einer Hierarchie gibt es Positionen.

2 Das Polarisierungsmodell 15

In einer Hierarchie sind die Positionen durch das Organigramm definiert, personifiziert und festgelegt. In einem Netzwerk gibt es dieselben Positionen auch. Diese sind jedoch nicht schriftlich fixiert und dadurch, je nach Situation, abwechslungsweise verschieden besetzt.

Grundsätzlich unterscheiden wir zwei verschiedene Positionen, nämlich die übergeordnete und die untergeordnete.

2.2.1.1 Die übergeordnete Position

Ü	ü	u
i		
a		

U	ü	u
i		
a		

Polarisierungsmodell – übergeordnete Position

Der große Buchstabe Ü steht für „übergeordnet".

In den vier schattierten Feldern sind alle Charaktere von Personen zu finden, die sich in einer übergeordneten Position befinden.

In einer Hierarchie sind dies meistens die Vorgesetzten, in einem Netzwerk jene Personen, welche in der jeweiligen Situation die Verantwortung tragen oder die Entscheidungen übernehmen.

2.2.1.2 Die untergeordnete Position

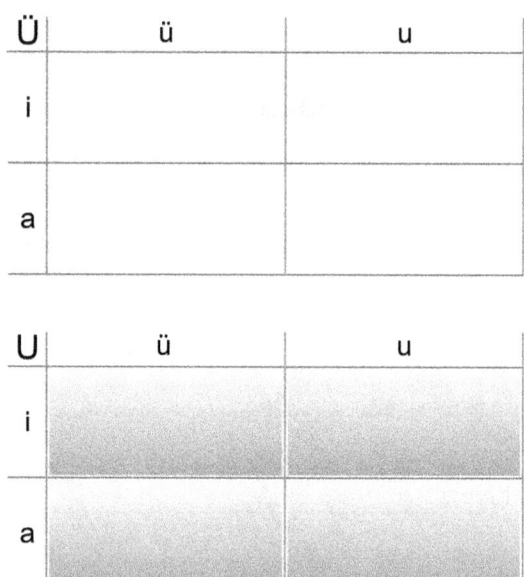

Polarisierungsmodell – untergeordnete Position

Der große Buchstabe U steht für „untergeordnet".

In den unteren vier schattierten Feldern sind alle Charaktere von Personen zu finden, die sich in einer untergeordneten Position befinden.

In einer Hierarchie sind das meistens die Mitarbeitenden ohne Führungsverantwortung. In einem Netzwerk sind es jene Personen, die in der jeweiligen Situation die Verantwortung abgegeben haben und auch keine Entscheidungen treffen können oder wollen.

2.2.2 Das Positionieren

Innerhalb der Position, in welcher Sie sich befinden, können Sie sich zusätzlich in Ihrem eigenen Verhalten positionieren.

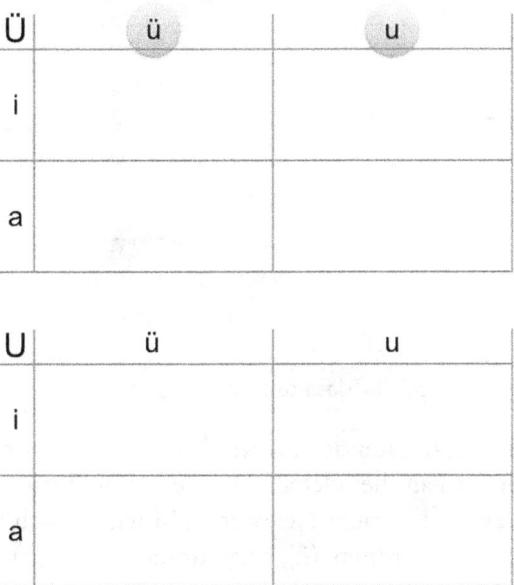

Polarisierungsmodell das Positionieren „Ü"

Je nach Situation können Sie sich als Vorgesetzter, als Elternteil oder als verantwortlicher Diskussionsleiter in Ihrem Verhalten überordnen (ü) beziehungsweise unterordnen (u). Und dies, obwohl Sie sich in dem bestehenden Netzwerk oder der betreffenden Hierarchie in einer übergeordneten Position (Ü) befinden.

Dasselbe gilt auch für die untergeordnete Position (U).

Ü	ü	u
i		
a		

U	ü	u
i		
a		

Polarisierungsmodell – das Positionieren „U"

Auch als Mitarbeitender, als Kind beziehungsweise Jugendlicher in der Familie oder als Mitglied ohne Entscheidungskompetenzen in einem Netzwerk können Sie sich in Ihrem Verhalten überordnen (ü) oder unterordnen (u), obwohl Sie in der bestehenden Gemeinschaft eine untergeordnete Position eingenommen haben.

Die in Klammer gesetzten kleinen Buchstaben beziehen sich auf die eingekreisten Buchstaben im dargestellten Polarisierungsmodell.

2.2.3 Die Verhaltensaspekte

Neben der Position, in der Sie sich befinden, neben der Positionierung, welche Sie, bewusst oder unbewusst, durch Ihr kommunikatives Verhalten signalisieren und dadurch eingenommen haben, kommt nun noch ein drittes Element hinzu, nämlich die Verhaltensaspekte.

Für die Qualität des Zusammenlebens und Zusammenarbeitens in einem Netzwerk oder in einer Hierarchie ist nicht nur entscheidend, wie Sie sich innerhalb Ihrer Position oder Rolle positionieren, sondern noch viel entscheidender, in welcher Form Sie das tun!

Der Grad der Angemessenheit steht dabei im Mittelpunkt!

Damit Sie das eigene Verhalten oder das Verhalten Ihrer unterschiedlichen Partner in einer bestimmten Situation im Sinne der Angemessenheit beurteilen können, gibt es drei Faktoren, die Sie berücksichtigen sollten.

Sobald Sie in einen kommunikativen Prozess mit einer oder mehreren Personen treten, sind drei Kriterien von größter Bedeutung:

- die Sache!
- der Mensch!
- die Zeit!

Die Sache
Reden Sie nur, wenn Sie etwas zu sagen haben! Und wenn Sie reden, dann reden Sie so, dass es der Sache dient – ansonsten lassen Sie es besser bleiben!

Es gibt genügend Menschen, die haben zu allem und jedem eine Meinung und glauben zusätzlich noch, dass diese Meinung die Richtige sei.

Um das Zusammenleben in einem Netzwerk positiv zu gestalten, ist es wichtig, dass alle Beteiligten sachgerecht und fundiert argumentieren.

Der Mensch
Glücklicherweise sind die Menschen verschieden – auch im Empfinden und in der Wahrnehmung!

Sowohl in einer Hierarchie als auch in einem Netzwerk ist es von entscheidender Bedeutung, sich bewusst zu sein, mit wem Sie interaktiv in Kontakt sind.

Sie können nicht mit jedem Menschen auf dieselbe Art und Weise kommunizieren. Es braucht ein bisschen Sensibilität und Gespür, um die jeweils richtige Umgangsform im richtigen Moment zu finden.

Die Zeit
Es gibt gute und richtige Momente – es gibt weniger gute oder falsche Momente!

Berücksichtigen Sie bei Ihren Interaktionen im Zusammenleben in einem Netzwerk oder in einer Hierarchie auch immer den Faktor Zeit, sofern das möglich ist.

Ist es der richtige Zeitpunkt, um etwas zu sagen oder etwas zu tun?

Auch das hat viel mit Einfühlungsvermögen, Feingefühl und mit Selbstdisziplin zu tun.

Um das Miteinander in diesen Beziehungsfeldern zu optimieren, ist es allerdings eine lohnende „Investition"!

Wenn diese drei Faktoren in den jeweiligen Interaktionen, in den Wechselbeziehungen und im Umgang miteinander optimal berücksichtigt werden, ist ein hohes Maß an

Angemessenheit vorhanden und trägt dadurch viel zu einem positiven Klima in einer Hierarchie oder in einem Netzwerk bei!

2.2.3.1 Das angemessene Verhalten

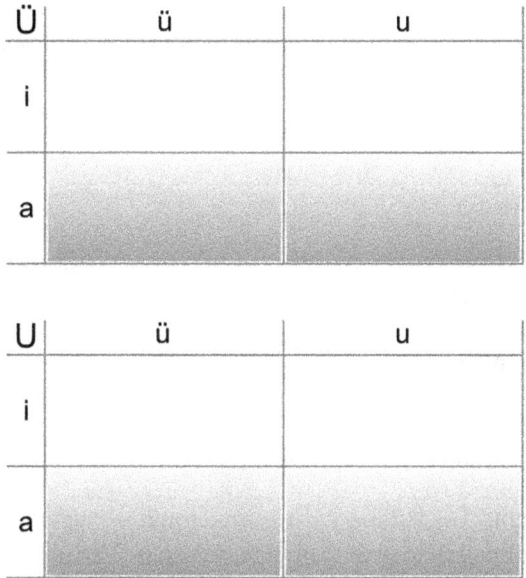

Polarisierungsmodell – angemessenes Verhalten

Der kleine Buchstabe a (für „adäquat") zeigt im Modell die Charakterfelder des angemessenen Verhaltens an.

Es sind Umgangsformen, sowohl in der übergeordneten wie auch in der untergeordneten Position, welche durch den gerechten Umgang mit der vorliegenden Sache, mit den beteiligten Menschen und mit dem Faktor Zeit geprägt sind. Verhaltensweisen, welche einen beträchtlichen Beitrag für ein störungsfreies Zusammenleben in einem Netzwerk leisten!

2.2.3.2 Das unangemessene Verhalten

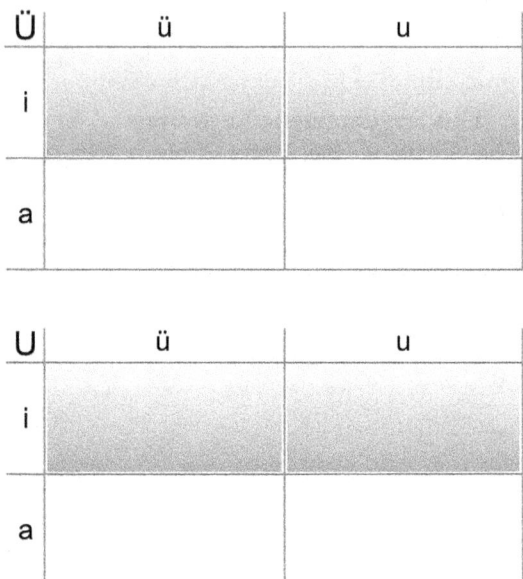

Polarisierungsmodell – unangemessenes Verhalten

Der kleine Buchstabe i (für „inadäquat") zeigt im Modell die Charakterfelder des unangemessenen Verhaltens an.

Hierbei handelt es sich um Verhaltensweisen sowohl in der übergeordneten als auch in der untergeordneten Position, welche durch den ungerechten Umgang mit der eigentlichen Sache, mit den beteiligten Menschen und mit dem Faktor Zeit geprägt sind.

Bereits wenn einer der drei Faktoren nicht oder ungenügend berücksichtigt wird, kann das sowohl in einer Hierarchie als auch in einem Netzwerk zu erheblichen Störungen im Zusammenleben kommen!

2.3 Fazit

Das Polarisierungsmodell beinhaltet acht verschiedene Charakterfelder. Vier Charakterfelder im oberen Bereich, in der übergeordneten Position und vier Felder im unteren Teil, in der untergeordneten Position. In beiden Bereichen ist die Darstellung identisch.

Aus jedem einzelnen Charakterfeld können Sie herauslesen, in welcher Position (Ü oder U), mit welcher Positionierung (ü oder u) und mit welchem Verhaltensaspekt (i oder a) sich eine Person in der jeweiligen Hierarchie oder im Netzwerk interaktiv bewegt.

Nun geht es darum, diesen acht Charakterfeldern die dafür typischen Verhaltensmuster zuzuordnen, damit Sie erkennen können, welches Verhalten und welche Merkmale für welches Feld bezeichnend sind.

Bitte betrachten Sie die jeweiligen Charakterdarstellungen auf den folgenden Seiten nicht als eine in sich abgeschlossene Beschreibung.

Das Verhalten eines Menschen bewegt sich fast nie ausschließlich in einem festgelegten Rahmen. Die meisten Menschen suchen sich je nach Situation alternative Möglichkeiten. Sie wechseln ihre Positionierung überwiegend dann, wenn sie mit ihrer Grundhaltung nicht mehr weiterkommen, wenn sie glauben, nicht verstanden zu werden oder wenn sie mit einem Entscheid oder einer Vorgehensweise nicht einverstanden sind.

Zusätzlich kann der permanente Verbleib in demselben Charakterfeld kontraproduktiv werden und dadurch zu Störungen sowohl in einem Netzwerk als auch in einer Hierarchie führen. Selbst dann, wenn ein angemessenes Verhalten zugrunde liegt! Dazu später mehr.

3

Die übergeordneten Charaktere

Wie erleben wir die Menschen, welche sich in einer übergeordneten Position befinden? Wie erleben wir die Vorgesetzten, wie verhalten sich Eltern oder welches Benehmen können wir in unseren Netzwerken bei Freunden oder Bekannten beobachten, welche sich situations- oder charakterbedingt im übergeordneten Bereich befinden?

3.1 Das autoritäre Verhalten

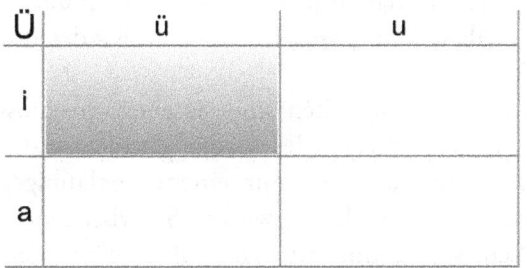

Polarisierungsmodell Ü – das autoritäre Verhalten

Wie erkennen und erleben wir Menschen, die sich in einer übergeordneten Position in ihrem Verhalten anderen Personen gegenüber unangemessen (i) überordnen?

Vielfach sind es Menschen, welche es genießen, Macht zu besitzen und auch gerne Macht ausüben oder missbrauchen.

Sie dulden keine Widersprüche. Auch haben sie selten stärkere Kollegen um sich herum. Sie wollen selber bestimmen und selber entscheiden. Diese Menschen sind von sich selbst sehr überzeugt, zumindest geben sie sich alle Mühe, so zu wirken. Oftmals haben sie wenig Sensibilität und Fingerspitzengefühl. Dadurch wirken sie unnahbar und selbstherrlich.

Sie haben zu allem eine Meinung und sind auch immer überzeugt, dass ihre Ansicht die richtige ist. Fehler geben Sie nach außen selten zu und wenn, dann finden sie die Schuld gerne bei einem anderen. Sie können laut und ungehalten werden, wenn sie glauben im Recht zu sein. Wenn jemand nicht in ihr eigenes Menschenbild passt, so geben sie sich keine Mühe, ihn zu verstehen, sondern lassen ihn einfach links liegen.

3.1.1 Die Eltern

Eltern, deren Verhalten sich häufig in diesem Charakterfeld bewegt, haben wenig Vertrauen in ihre Kinder und zeigen dies auch.

Gegenüber Neuigkeiten sind sie eher verschlossen und die „irren Ideen" der Kinder werden gar nicht erst angehört oder überprüft, sondern mit einem ungläubigen Kopfschütteln unverzüglich abgewiesen. Sie wissen vieles besser, haben kein Verständnis für „Kinderflausen" und behandeln ihre Kinder keineswegs als selbstständige Wesen.

Der Vater entscheidet, welches Fernsehprogramm im Wohnzimmer läuft, die Eltern entscheiden, wohin es in die

Ferien geht, und welche Mode die Kinder tragen sollen, weiß die Mutter!

Sie dulden keine Widersprüche und haben wenig Verständnis für andere Eltern, welche ihre Kinder in Entscheidungsprozesse mit einbeziehen.

Probleme werden in diesem familiären Netzwerk vom Vater oder von der Mutter mittels Anordnung und Verboten gelöst. Gemeinsame Diskussionen über heikle Themen oder über allfällige Änderungen im Zusammenleben finden kaum statt, denn die Kinder haben nicht mehr das notwendige Selbstvertrauen, um diese Themen anzusprechen.

Ein solches Netzwerk hat für die Zukunft wenig Hoffnung auf ein harmonisches Miteinander, da die Gräben zwischen Überordnung und Unterordnung zu tief sind.

3.1.2 Die Freunde

Echte Freunde sind das bestimmt nicht! Es sind bestenfalls Kollegen oder Bekannte, welche in einem Netzwerk zufällig mit uns verbunden sind.

Jene Menschen, die sich in diesem Charakterfeld aufhalten, zeigen gerne, was sie haben und was sie können. Sie wissen alles viel besser als die anderen und haben auch zu allem und jedem eine eigene Meinung, die sie lautstark und gerne äußern, auch wenn es niemand wirklich hören will. Häufig haben sie ein geschliffenes „Mundwerk", trotzdem ist ihr Verhalten nicht immer sehr geistreich. Dummheit und Stolz wächst halt gerne aus demselben Holz!

Wenn sie zu einer bereits bestehenden Gesellschaft dazu stoßen, übernehmen sie gerne unverzüglich die Wortführung, ohne überhaupt zu wissen, was vorher gesprochen wurde. Sollte einer eine andere Meinung haben, so wird dieser von ihnen verspottet oder mit einer oberflächlichen Bemerkung angemotzt und lächerlich gemacht.

Auch diese Personen haben wenig Fingerspitzengefühl oder Gespür für sensible Situationen. Sie kümmern sich kaum um das Wohlergehen der Freunde und wenn jemand Hilfe braucht oder sich in einer schwierigen Lage befindet, sind sie nicht diejenigen, auf die er sich verlassen kann. Es macht ihnen nichts aus, andere Menschen vor versammelter Menge bloßzustellen oder auszulachen. Sie strahlen Überheblichkeit und Arroganz aus.

Es sind Menschen, die in einem Netzwerk nicht viele Freunde haben, da sie häufig anecken und dadurch für Disharmonie und Störungen verantwortlich sind.

3.1.3 Die Vorgesetzten

Vorgesetzte, deren Verhalten sich hauptsächlich in diesem Charakterfeld bewegt, sind Menschen, deren Führungsqualität mit wenig Feingefühl und Verständnis für die Mitarbeiter ausgestattet ist. Sie stellen sich gerne als Chef dar und sagen das auch immer wieder, wenn es jemand hören will: „Ich bin der Chef" oder „I am the Boss", dementsprechend halten sie auch nichts von Teamgeist oder Arbeitsgruppen.

Sie gehen selten auf ihre Mitarbeitenden zu und finden es auch nicht angebracht, ihre Angestellten zu grüßen oder sich für ihre Arbeit zu bedanken!

Wenn es Probleme gibt, so werden diese per Dekret oder Vorschriften gelöst, selten in einem persönlichen Gespräch, sondern in Befehlsform per E-Mail.

Sobald einem Mitarbeitenden ein Fehler unterläuft, sind sie schnell und energisch zur Stelle. Sollte der Betroffene die harsche Kritik nicht sofort verstehen, so können sie auch laut und sehr persönlich werden. Zuhören, ausreden lassen und hinterfragen gehören nicht zu ihren Stärken – sie konzentrieren sich lieber auf das Unterbrechen.

Für Andersdenkende haben sie kein Gehör und die Sorgen oder Nöte der Mitarbeitenden interessieren sie höchstens in Ausnahmefällen.

Die Menschen, die sie gerne um sich haben, dürfen keine Widersprecher oder „Alphatiere" sein, es sind häufig „Ja-Sager" und Kopfnicker.

Solche Vorgesetzte haben in der heutigen Zeit wenige Chancen auf ein gutes Zusammenleben in einer Hierarchie, denn sie tragen ja auch wenig dazu bei!

3.1.4 Fazit

In einem Netzwerk oder in einer Hierarchie ist es äußerst schwierig, mit solchen Charakteren zusammenzuleben. Ihnen fehlen der so wichtige Respekt und die notwendige Toleranz anderen Menschen gegenüber. Sie sind hauptsächlich mit sich selbst beschäftigt und auf sich fixiert. Sorgen, Nöte oder Probleme der anderen interessieren sie wenig bis gar nicht.

Diese Menschen empfinden keine Notwendigkeit, ihre Entscheidungen und ihre Vorgehensweisen zu begründen, zu erläutern oder zu erklären. Sie neigen dazu, ihre eingenommene Position und die damit verbundene Macht im weitesten Sinne auszunutzen.

> Die Menschen, die sich hauptsächlich in diesem Charakterfeld bewegen, haben oftmals völlig unangemessene und hoch autoritäre Umgangsformen. Dadurch tragen sie viel dazu bei, dass ein positives Zusammenleben oder Zusammenarbeiten mit ihnen, in einem Netzwerk oder in einer Hierarchie, auf Dauer unmöglich ist.

3.2 Das autoritätslose Verhalten

Ü	ü	u
i	herrschsüchtig, gefühllos **autoritär** tyrannisch, selbstherrlich	
a		

Polarisierungsmodell Ü – das autoritätslose Verhalten

Wie erleben wir die Menschen, die sich trotz ihrer übergeordneten Position in ihrem Verhalten anderen Personen gegenüber unangemessen (i) unterordnen?

Das sind Menschen, die keine Entscheidungen treffen und auch nicht gerne Verantwortung übernehmen. Aufgaben und Probleme, die angegangen werden sollten, werden häufig auf die „lange Bank" geschoben. Sie haben keine eigene Meinung und verstecken sich gerne hinter anderen Personen. Sie sind Mitläufer, die sich in der übergeordneten Position mit ihren Mitarbeitern oder Freunden in ihrem Verantwortungsbereich unehrlich verbünden, um ja nicht anzuecken.

Sie sind Windfahnen, die gerne nach dem Munde der anderen reden.

Sie haben keine Autorität. Wenn sie dann trotzdem etwas anpacken müssen, neigen sie dazu, aufgrund ihrer Autoritätslosigkeit, sich unangemessen überzuordnen, um sich das notwendige Gehör zu verschaffen.

Bei zwischenmenschlichen Problemen haben Sie nicht den Mut, mit den Betroffenen an einen Tisch zu sitzen, um die Angelegenheit offen zu besprechen und aus dem Wege zu räumen. Lieber umgehen sie die Situation, indem sie die Problematik ignorieren oder die Faust in der Tasche machen.

3.2.1 Die Eltern

Eltern, deren Verhalten sich meistens in diesem Charakterfeld bewegt, sind für ihre Kinder keine „Wegweiser". Sie sind weder autoritär noch antiautoritär, sie sind schlicht autoritätslos – sie haben keine Autorität!

Sie offenbaren keine eigene Vorstellung oder Meinung in Erziehungsfragen – einmal orientieren sie sich an den Ideen der Eltern von Hänschen, dann wieder an den Aktionen der Eltern von Gretchen.

An dem einen Tag dürfen die Kinder fernsehen bis nachts um 23 Uhr, am anderen Tag ist bereits um 20 Uhr Schluss! In diesen Familien existieren keine Regeln und Normen für das Miteinander. Sollten gleichwohl welche bestehen, so setzen die Eltern sie nicht durch!

Wenn die Kinder Probleme mit dem Lehrer oder Streit mit Kameraden haben, stellen diese Eltern sich meistens auf die Seite der eigenen Kinder. Sie verniedlichen vielfach solcherlei unangenehmen Auseinandersetzungen, um vor ihren Kindern auf keinen Fall als „böse Eltern" dazustehen. Aus diesem Grund können sie sich bei Meinungsverschiedenheiten mit den Kindern selten durchsetzen. Dadurch sind die Kinder orientierungslos! Es fehlt ihnen eine klare Linie, eine starke Hand und eine deutliche Hinlenkung.

Dort wo unmissverständliche Handlungsweisen angesagt wären, sind solche Eltern oft überfordert, unsicher oder sprunghaft. Müssen sie sich dann plötzlich gegen den Willen der Kinder durchsetzen, haben sie nur noch die Möglichkeit der unangemessenen Überordnung, da ihnen die natürliche Autorität fehlt!

Ein positives Zusammenleben in diesem Familiennetzwerk ist deshalb nicht harmonisch, weil die Rollen falsch verteilt sind.

3.2.2 Die Freunde

Jeder kennt sie, die Freunde, die nach außen hin „Verantwortung übernehmen". Sie sind gerne in einer übergeordneten Position, um dabei zu sein. Irgendwann haben sie es geschafft! Sie erhalten in einem ihrer Netzwerke eine führende Rolle. Doch leider ist danach ihr Verhalten genau in diesem autoritätslosen Charakterfeld anzutreffen – sie nehmen ihre Führungsaufgaben und die damit verbundenen Verantwortungen nicht wahr!

Sie haben Angst vor heiklen Entscheidungen, weil sie sich dadurch vielleicht unbeliebt machen könnten. Sie haben natürlich eine eigene Meinung, aber wenn diese nicht mit den Meinungen der andern übereinstimmt, so behalten sie diese für sich oder passen die eigene Meinung kurzerhand der neuen Situation an.

Sie sind nicht in der Lage, bei Auseinandersetzungen ihren eigenen Standpunkt eisern zu vertreten. Lieber schließen sie sich der Mehrheit oder den Meinungsbildnern an – auch dann, wenn diese falsch liegen. Überzeugen, vorne weg gehen, erkämpfen oder begeistern ist ihnen fremd, denn das notwendige Durchsetzungsvermögen fehlt ihnen.

Die mit der jeweiligen Position verbundenen Obliegenheiten können sie nur oberflächlich oder gar nicht wahrnehmen. Sie bevorzugen es, sich ständig mit allen möglichen Drahtziehern in der bestehenden Gemeinschaft zu solidarisieren und zu fraternisieren, denn sie wollen ja schließlich geliebt werden. Dementsprechend sind sie manipulierbar!

Diese Menschen sind nicht in der Lage, in ihrem Netzwerk eine positive Zusammenarbeit zu initiieren, da sie wie eine Windfahne stetig in eine andere Richtung tendieren.

Sie sind nicht geeignet für eine führende Rolle in einem Netzwerk. Aus diesem Grunde sollten Sie dies so schnell wie möglich korrigieren!

3.2.3 Die Vorgesetzten

Vorgesetzte, deren Verhalten sich hauptsächlich in diesem Charakterfeld bewegt, sind Menschen ohne Führungsqualität – es sind Vorgesetzte, die nicht in dieser Position sein dürften!

Ihre Mitarbeitenden zu leiten, zu lenken und zu motivieren ist ihnen fremd. Sie können es schlichtweg nicht, da sie viel zu stark mit ihren eigenen Anliegen beschäftigt sind.

Sie verbrüdern sich hauptsächlich mit den starken Mitarbeitenden und gehen lieber mit ihnen frühzeitig das Feierabendbier trinken, als sich mit den übergeordneten Zielen des Unternehmens zu befassen.

Sie können und wollen weder Entscheidungen treffen noch Verantwortung übernehmen. Lieber gehen sie den Weg des geringsten Widerstandes – dadurch sind sie so gut wie nie in der Lage, sich angemessen durchzusetzen. Infolgedessen werden sie von ihren Mitarbeitenden nicht mehr ernst genommen und zuweilen für ihre Zwecke benutzt. Sie sind weder Vorbild noch haben sie die notwendige Fähigkeit, die ihnen übertragene Verantwortung gebührend umzusetzen.

Wenn sie plötzlich gedrängt werden, gewisse Vorgaben bei den Mitarbeitenden durchzubringen, verlassen sie das autoritätslose Charakterfeld und suchen ihr Heil in der unangemessenen Überordnung. In Krisensituationen sind sie hoffnungslos überfordert und nicht in der Lage, strukturiert zu denken und zu handeln.

Es handelt sich bei ihnen um Fehlbesetzungen, welche für ein Unternehmen in der Schlussfolgerung mehr Kosten erzeugen als Nutzen bringen!

Um das Zusammenleben in einer Hierarchie zu stärken und positiv zu stabilisieren, sind solche Vorgesetzten die falschen Personen!

3.2.4 Fazit

Es ist mühsam, mit solchen Menschen eine positive Zusammenarbeit in einem Netzwerk oder in einer Hierarchie zu realisieren.

Sie sind viel zu stark mit sich selbst beschäftigt! Sie sind weder Vorbilder noch in der Lage, die notwendige Sicherheit und Zuverlässigkeit auszustrahlen beziehungsweise zu demonstrieren.

Sie haben wenig Rückgrat, sind beeinflussbar und werden dadurch unberechenbar!

Ihr Verhalten ist geprägt von Unsicherheit, von Führungs- und Entscheidungsschwächen sowie von Zweifelhaftigkeit. Sie sind wankelmütig und wollen von allen Seiten geliebt werden.

Deshalb werden sie auch nie unangenehme Beschlüsse durchsetzen, außer sie werden dazu gedrängt. In solchen Situationen neigen sie dann jedoch dazu, sich unangemessen überzuordnen und gehen den autoritären Weg. Wegen ihrer unausgeglichenen Persönlichkeit haben sie keine andere Möglichkeit. Es fehlt Ihnen die Standhaftigkeit sowie die erforderliche Charakterstärke, um sich in schwierigen Situationen angemessen zu präsentieren.

> Mit solchen Menschen ein positives und erfolgreiches Zusammenleben in einer Hierarchie oder in einem Netzwerk zu verwirklichen, ist auf die Dauer unmöglich und sinnlos!

3.3 Das autoritative Verhalten

	Ü ü	u
i	herrschsüchtig, gefühllos **autoritär** tyrannisch, selbstherrlich	führungsschwach, mutlos **autoritätslos** überfordert, unzureichend
a		

Polarisierungsmodell Ü – das autoritative Verhalten

Wie erleben wir Menschen, die sich in einer übergeordneten Position in ihrem Verhalten anderen Personen gegenüber angemessen (a) überordnen können?

Es sind Menschen mit einer starken Persönlichkeit. Sie verfügen über eine große soziale Kompetenz und sind führungsstark. Sie übernehmen gerne Verantwortung und haben den Mut, auch Entscheidungen zu treffen, die nicht immer für alle Beteiligten entgegenkommend sind.

Sie gehen respektvoll mit anderen Personen um und sind jederzeit bereit, ihre eigenen Ansichten zu hinterfragen oder gar zu ändern, sofern die Gegenseite die besseren Argumente hat.

Sie werden in ihrer übergeordneten Position von allen Seiten sehr geschätzt, weil ihr Verhalten und ihre Kompetenzen dem entsprechen, was sich die Mehrheit wünscht und vorstellt.

In ihren Auftritten sind sie im positiven Sinne tonangebend und wegweisend. Sie sind Personen, die Menschen mögen und dies auch zeigen!

3.3.1 Die Eltern

Eltern, die sich in ihrem Verhalten ihren Kindern gegenüber mehrheitlich in diesem Charakterfeld bewegen, sind für die Kinder richtungsweisend. Sie sind zwar in der Gemeinschaft federführend und es gibt klare Regeln und Normen, aber ihre Kinder folgen ihnen gerne und freiwillig.

Solche Eltern haben von ihrer Erziehungsverantwortung genaue Vorstellungen und eine klare Linie. Sie wollen den Kindern unter anderem die Notwendigkeit eines hohen Selbstwertgefühls, der charakterlichen Stärke, von guten Schulleistungen und der Selbstständigkeit vermitteln. Dies tun sie, indem sie diese Werte konsequent vorleben und die Kinder immer wieder darauf aufmerksam machen, ohne dabei selbstgefällig oder gar überheblich zu wirken. Dadurch werden sie von ihren Kindern als Vorbilder anerkannt und respektiert.

Mit Lob und Ermutigungen führen sie ihre Kinder gekonnt in die korrekte Richtung. Disziplin und Geradlinigkeit sind keine Fremdwörter für solche Eltern. Gleichwohl zeigen sie viel emotionale Wärme und demonstrieren zudem ihre ständige Kommunikationsbereitschaft.

Bei Unstimmigkeiten setzen sie sich mit ihren Kindern an einen Tisch und es wird geordnet über die Meinungsverschiedenheiten diskutiert.

Allfällige Entscheidungen, welche die Eltern treffen, werden mit sachlichen Argumenten dargelegt, erklärt und begründet.

Diese Eltern können, wenn es die Situation verlangt, die Kinder an die „ganz kurze Leine" nehmen. Sie machen dies überlegt und auf eine Weise, durch die die Kinder etwas daraus lernen.

Sie legen großen Wert auf Umgangsformen, Anstand und auf soziale Kompetenz.

Mit diesen Eltern hat ein positives und harmonisches Zusammenleben im Familiennetzwerk beste Voraussetzungen!

3.3.2 Die Freunde

Bestimmt kennen Sie in Ihren Netzwerken auch solche Menschen, die sich gerne in diesem Charakterfeld bewegen und sich entsprechend angemessen überordnen können.

Es sind Menschen, die gerne eine führende Position in einer Gemeinschaft übernehmen. Sie lieben es, Verantwortung zu erhalten und sie können Entscheidungen herbeiführen.

Sie sind in ihrer Netzwerkposition maßgeblich mitentscheidend und können ihre Ansichten und Meinungen klar und bestimmt kommunizieren.

Sie dulden keine Halbheiten und setzen sich leidenschaftlich für eine Sache ein, sind zielorientiert und authentisch in der Umsetzung ihrer Ideen.

Sie sind aktive Gestalter, haben kreative Ideen und sind Menschen, die etwas bewegen wollen und können.

Trotz ihrer übergeordneten Rolle sind sie nicht überheblich, doch gleichwohl fordernd. Sie haben ein gutes Gespür für das „Mitreißen" und Begeistern von Freunden oder anderen Netzwerkteilnehmern. Auf diese Menschen können Sie sich verlassen!

Bei Auseinandersetzungen oder Diskussionen haben sie einen klaren Standpunkt. Den vertreten sie auch mit aller Konsequenz. Sie lassen sich gerne vom Gegenteil überzeugen, sofern die Kontrahenten fundiert und bestechend argumentieren.

Sie sind selbstsichere, aber auch fröhliche und humorvolle Zeitgenossen, mit denen die meisten gerne in einem Netzwerk gemeinsame Ziele verfolgen. Deshalb hat ein Zusammenleben in einer Gemeinschaft mit solchen Menschen die besten Chancen für tolle Erlebnisse!

3.3.3 Die Vorgesetzten

Vorgesetzte, die sich in ihrem Verhalten zu einem großen Teil in diesem Charakterfeld aufhalten, sind Menschen, mit denen die Mitarbeitenden gerne zusammenarbeiten.

Sie haben klare Vorstellungen und sind starke Führungspersönlichkeiten. Ihren Mitarbeitenden gegenüber haben sie stets einen respektvollen Umgang und schätzen ihre

Arbeit sehr. Sie verlangen nichts von ihnen, was sie nicht auch selber tun würden und gehen immer mit gutem Beispiel voran.

Die Meinungen und Argumente der Mitarbeitenden sind ihnen wichtig, deshalb binden sie sie beständig in ihre Entscheidungsfindungs-Prozesse mit ein. Sie können zuhören und geben Antworten.

Solche Vorgesetzte treffen Entscheidungen! Es können auch Entscheidungen sein, die den Mitarbeitenden nicht immer gefallen – aber sie begründen und erklären ihre Absichten und ihre Überlegungen, sofern die Zeit dazu vorhanden ist.

Es sind Vorgesetzte, die sich nicht verstecken. Sie können ihre Meinung klar und deutlich darstellen und haben Rückgrat. Trotz ihrem starken Auftritt haben sie Verständnis für die Anliegen ihrer Mitarbeitenden. Sie können mit harter Hand führen, wenn es sein muss, machen das aber stets respektvoll und mit Anstand.

Sie haben es nicht nötig, herumzuschreien oder ausfällig zu werden – sie überzeugen durch ihre Persönlichkeit, ihre Charakterstärke und ihre Vorbildfunktion.

In Krisensituationen sind sie sehr strukturiert, entsprechend handeln sie schnell und lösungsorientiert.

Es sind Menschen, die viel Wert auf ein positives und störungsfreies Arbeitsklima legen. Aus diesem Grunde tragen sie viel zu einem erfreulichen und erfolgreichen Zusammenleben in einer Hierarchie bei.

3.3.4 Fazit

Es ist eine Freude, mit solchen Persönlichkeiten in einem Netzwerk oder in einer Hierarchie zusammenzuarbeiten!

Sie sind Menschen mit viel Lebensfreude, mit großer sozialer Kompetenz und sie haben bestechende Führungsqualitäten. Sie können manchmal sehr fordernd und unnachgiebig sein, sind das aber stets mit dem notwendigen Respekt.

Sie übernehmen gerne Verantwortung und sind entscheidungsfreudige Menschen. Sie suchen den Erfolg und verfolgen ihre Ziele mit aller Beharrlichkeit.

Diese Personen haben Rückgrat und klare Vorstellungen von dem, was sie tun. Sie sagen ihre Meinung auch dann, wenn sie sich damit nicht nur Freunde schaffen. Es geht ihnen stets nur um die Sache.

Sie sind an den Ansichten der anderen interessiert – sie können zuhören, sie können Antworten geben und sie können diskutieren.

> Mit solchen Menschen in Netzwerken oder in einer Hierarchie die gemeinsamen Interessen und Ziele zu verfolgen, ist ein faszinierendes Miteinander!

3.4 Das faire Verhalten

Ü	ü	u
	herrschsüchtig, gefühllos	führungsschwach, mutlos
i	**autoritär**	**autoritätslos**
	tyrannisch, selbstherrlich	überfordert, unzureichend
	respektvoll, führungsstark	
a	**autoritativ**	
	entscheidungsfreudig, besonnen	

Polarisierungsmodell Ü – das faire Verhalten

Wie erleben wir die Menschen, die sich in der übergeordneten Position in ihrem Verhalten anderen Personen gegenüber angemessen (a) unterordnen können?

Auch diese Menschen haben eine starke Persönlichkeit. Sie haben es nicht nötig, immer und überall zuvorderst zu stehen.

Sie besitzen eine hohe soziale Kompetenz und viel Fingerspitzengefühl. Sie haben ein Gespür für die Hoffnungen, Sorgen und Ängste ihrer Mitmenschen. Sie verfügen über ein hohes Maß an Öffnungsfähigkeit.

Diese Menschen sind hilfsbereit und haben stets ein offenes Ohr. Sie können gut kommunizieren, können zuhören und sind sehr einfühlsam.

Durch ihre besonnene Art und die Fähigkeit, sich im richtigen Moment unterordnen zu können, obwohl sie sich in einer übergeordneten Position befinden, wirken sie sehr sympathisch. Sie werden von denjenigen, die mit ihnen zu tun haben, sehr geschätzt. Sie sind zufriedene und meist auch fröhliche Mitmenschen!

3.4.1 Die Eltern

Eltern, die sich in ihrem Verhalten ihren Kindern gegenüber zu einem großen Teil in diesem Charakterfeld aufhalten, geben ihren Kindern das Gefühl der Sicherheit, der Geborgenheit und des Verstandenseins.

Sie haben viel Verständnis für die Bedenken und Sorgen ihrer Kinder und können dies, durch intensives Zuhören und durch geschicktes Fragen, auch eindrücklich signalisieren.

Sie legen großen Wert auf den sozialen Umgang mit anderen Kindern und fordern sie auch immer wieder dazu auf. So organisieren sie liebevoll die Geburtstagsfeste oder finden sonstige Möglichkeiten, damit ihre Kinder mit anderen zusammen sein können.

Im Rahmen ihrer Erziehungsmaßnahmen versuchen sie, den Kindern so viele Freiheiten wie möglich zu lassen, damit sie sich entfalten können. Dadurch erleben die Kinder, was es bedeutet, selbstständig und verantwortungsbewusst zu handeln und zu leben. Trotz all der Freiheiten können die Eltern ihnen auch jederzeit klar ihre Grenzen und Fehler aufzeigen.

So oft wie möglich versuchen sie ihre Kinder in Entscheidungsprozesse mit einzubeziehen und haben die Fähigkeit, auch sonderbare Ansichten der Kinder zu respektieren und im Rahmen der Möglichkeiten zu tolerieren.

Bei Differenzen oder Konflikten setzen sie sich mit ihnen an einen Tisch und diskutieren über die entsprechenden Punkte. Sie legen viel Wert auf die Ansichten der Kinder und haben keine Probleme, sich ihren Vorstellungen anzunähern, sofern es sich nicht um ganz abgehobene Ansichten oder Forderungen handelt.

Solche Eltern streben ein harmonisches Miteinander an und dadurch können sie viel zu einem schönen Zusammenleben im Familiennetzwerk beitragen!

3.4.2 Die Freunde

Es sind jene Kameraden oder Freunde, die sich ihrer Aufgabe wegen in einer übergeordneten Position in einem Netzwerk bewegen, diese Position jedoch nie ausnützen! Es sind die fleißigen Schaffer, die sich selten ins Rampenlicht drängen.

Still und leise arbeiten sie im Hintergrund. Sie haben keine Probleme, andere Meinungen anzuhören und in ihre Überlegungen miteinzubeziehen oder sie gar zu übernehmen.

Trotz ihrer übergeordneten Position suchen sie immer wieder den Kontakt zu den anderen Mitgliedern der Gemeinschaft, um deren Vorschläge und Ansichten anzuhören.

Dank ihrem Feingefühl können sie sich im richtigen Moment anderen Meinungen gegenüber unterordnen. Es geht ihnen um die Sache und sie suchen stets die bestmögliche Lösung, egal von wem sie stammt. Sie können sich über die Erfolge der anderen freuen und finden bei allfälligen Misserfolgen auch stets tröstende Worte.

Diese Menschen sind äußerst teamfähig und streben dementsprechend die Arbeit in Teams an. In ihrer ganzen Art sind es bescheidene Menschen, die sich nicht aufdrängen oder anderen beweisen müssen, was sie alles können und leisten.

Bei Meinungsverschiedenheiten oder allfälligen Aussprachen versuchen sie, stets alle Teilnehmer zu berücksichtigen und geben jedem die Möglichkeit, die eigene Meinung zu äußern. Sie achten auf ein faires und korrektes Miteinander.

Sie können gut zuhören und haben eine ausgeprägte Wertschätzung anderen Menschen gegenüber. Trotz ihrer zurückhaltenden Art genießen sie ein hohes Ansehen und werden von allen Seiten respektvoll geschätzt.

Dank diesem Verhalten ist das Zusammenleben und Zusammenarbeiten mit diesen Menschen in jedem Netzwerk eine wunderbare Erfahrung!

3.4.3 Die Vorgesetzten

Vorgesetzte, die sich zu einem großen Teil in diesem Charakterfeld aufhalten können, sind Menschen, die von ihren Mitarbeitenden hoch geachtet werden!

In ihrer Führungstätigkeit steht der Mensch im Mittelpunkt. Sie geben allen eine Chance, lassen ihre Mitarbeitenden aktiv an Prozessen mitdenken und mitarbeiten.

Sie sind sich nicht zu schade, auch mal einen oder zwei Schritte zurück zu gehen, damit sich der eine oder andere Mitarbeitende profilieren kann. Sie würden sich nie mit fremden Federn schmücken und eine gute Idee eines Mitarbeitenden als die eigene verkaufen.

Sie sind sehr pflichtbewusst, zuverlässig und ausgesprochene „Teamplayer"!

Die Anliegen und die Bedürfnisse ihrer Mitarbeitenden sind ihnen wichtig und sie versuchen, wann immer es möglich ist, darauf einzugehen. Sie können sehr gut zuhören und haben Verständnis für spezielle, nicht alltägliche Situationen.

Nicht nur das Wohlergehen des Unternehmens, sondern auch das Wohlbefinden ihrer Arbeitskollegen liegt ihnen am Herzen. Sie haben stets ein offenes Ohr und stehen allen Mitarbeitenden immer mit gutem Rat und Tat zur Seite.

Sie zeigen viel Geduld und Übersicht, auch in schwierigen oder unruhigen Zeiten.

In Krisensituationen verlieren sie die Mitarbeitenden nicht aus den Augen und sind darauf bedacht, auch in solchen Momenten nicht in Hektik zu verfallen.

Neben ihrer Ruhe und Gelassenheit, welche sie vorleben, strahlen sie viel Lebensfreude aus. Ihre Mitarbeitenden haben großes Vertrauen in sie.

Durch ihre ganze Wesensart und ihre Ausstrahlung sind sie eine Bereicherung für das positive, störungsfreie und erfolgreiche Zusammenleben in einer Hierarchie!

3.4.4 Fazit

Auch solche Menschen sind starke Persönlichkeiten! Sie sind sich nicht zu schade, trotz ihrer übergeordneten Position, sich gegenüber anderen Personen, anderen Ansichten oder anderen Meinungen unterordnen zu können. Sie sind Menschen, die sich selber zurücknehmen, um auch den anderen Möglichkeiten und Chancen einzuräumen.

In ihren Überlegungen und Handlungen steht der Mensch im Mittelpunkt. Das sagen sie zwar nicht, aber sie demonstrieren dies auf eine eindrückliche Art und Weise.

Es handelt sich um Menschen mit viel Gespür, Einfühlungsvermögen und Verständnis für Andersdenkende. Sie geben ihren Mitmenschen immer wieder das Empfinden, verstanden zu werden und das Gefühl, integriert zu sein.

> Sie sind keine Angeber und keine Blender. Hochmut kennen sie nicht. Sie haben das notwendige Fingerspitzengefühl, um sich im richtigen Moment und in der richtigen Situation unterordnen zu können. Aus diesem Grund ist das Zusammenleben mit solchen Menschen in einem Netzwerk oder in einer Hierarchie eine echte Bereicherung!

3.5 Zusammenfassung

Ü	ü	u
i	herrschsüchtig, gefühllos **autoritär** tyrannisch, selbstherrlich	führungsschwach, mutlos **autoritätslos** überfordert, unzureichend
a	respektvoll, führungsstark **autoritativ** entscheidungsfreudig, besonnen	teamorientiert, aufrichtig **fair** geradlinig, gerecht

Polarisierungsmodell Ü – Übersicht

In der Übersicht stehen die vier Charakterfelder der übergeordneten Position. In diesen Feldern bewegen sich jene Menschen, welche sich wegen ihrer Funktion in einem Netzwerk oder in einer Hierarchie in eben dieser Position befinden. Sie übernehmen die Verantwortung und verfügen über die notwendige Entscheidungskompetenz in ihrem Bereich.

Autoritär
Machtmenschen, welche in ihrer unangemessenen Überordnung keine Widersprüche dulden und wenig Feingefühl für ihre Mitmenschen haben!

Autoritätslos
Sie haben keine eigene Meinung, sind Mitläufer und neigen dazu, sich mit den Menschen in ihrem Bereich zu verbrüdern, um ja nicht anzuecken.

Autoritativ
Führungsstarke Persönlichkeiten, die wegweisend sind. Sie übernehmen Verantwortung und haben Rückgrat. Sachgerecht, personengerecht und zeitgerecht!

Fair
Menschen mit viel Fingerspitzengefühl. Sie haben stets ein offenes Ohr und dazu eine hohe soziale Kompetenz. In ihrem Verantwortungsbereich steht der Mensch im Mittelpunkt!

Versuchen Sie bitte nicht, diese einzelnen Verhaltensmuster als absolut zu betrachten. Um in einer Hierarchie oder in einem Netzwerk ein konstruktives und konfliktarmes Miteinander zu erleben, ist die gezielte Balance im eigenen Verhalten eine der wichtigsten Voraussetzungen. Dazu später mehr!

4

Die untergeordneten Charaktere

Wie erleben wir jene Menschen, die sich in einer untergeordneten Position befinden? Wie erleben wir die Mitarbeitenden, wie verhalten sich heranwachsende Kinder und Jugendliche oder welches Auftreten können wir in unseren Netzwerken bei Freunden und Bekannten beobachten, die sich situations- oder wesensbedingt im untergeordneten Bereich aufhalten?

4.1 Das anarchistische Verhalten

U	ü	u
i		
a		

Polarisierungsmodell U – das anarchistische Verhalten

© Springer Fachmedien Wiesbaden GmbH, ein Teil von
Springer Nature 2020 J. Isenschmid, *Kommunikation im Alltag*,
https://doi.org/10.1007/978-3-658-26636-3_4

Wie erkennen und erleben wir die Menschen, die sich trotz der untergeordneten Position in der sie sich befinden, anderen Menschen gegenüber unangemessen (i) überordnen?

Es sind Menschen, die wenig Willen und Gespür für eine konstruktive Zusammenarbeit oder für ein störungsfreies Zusammenleben entwickeln. Sie sind rebellisch, teilweise destruktiv und sind davon überzeugt, dass sie alles besser wissen und auch besser können.

Diese Menschen sind illoyal und haben die Fähigkeit, immer wieder, auf eine perfide Art und Weise, bestehende Regeln und feste Abmachungen zu unterlaufen oder zu ignorieren!

Sie sind nicht dumm, nein – sie haben genügend Verstand, dauernd neue Wege zu kreieren, um ihre eigenen Bedürfnisse zu befriedigen.

Sie sind nicht gewillt, sich in ein bestehendes System positiv zu integrieren, dementsprechend ist auch ihr Verhalten! Gut gemeinte Ratschläge belächeln sie oft oder schlagen sie in den Wind!

4.1.1 Die Kinder

Kinder, die sich mit ihrem Verhalten in diesem Charakterfeld bewegen, zeigen wenig bis keinen Respekt vor den Eltern. Sie können in bestimmten Momenten ausgesprochen renitent und verletzend auftreten.

Oftmals ist dieses Verhalten in den pubertierenden Phasen der Kinder zu beobachten. Sie wollen die bestehenden Regeln im gemeinsamen Familienleben nicht akzeptieren und ignorieren häufig die gut gemeinten Empfehlungen der Eltern. Sie versuchen immer wieder die Grenzen neu auszuloten oder zu überschreiten, um danach den eigenen Weg stur und unbelehrbar weiter zu gehen. Wenn sie mit ihrer dickköpfigen Art an ihre eigenen Grenzen gelangen, sind nicht etwa sie die Schuldigen, nein, sie suchen die Fehler in ihrem Umfeld oder beim bestehenden System.

In Diskussionen können sie unbeherrscht, rechthaberisch und sehr bedrängend ihre vermeintlichen Rechte verteidigen. Sie sind uneinsichtig und fühlen sich unverstanden. Vater und Mutter haben sowieso keine Ahnung, wie das Leben zu meistern ist. Die Ansichten der Eltern sind altmodisch und hinterwäldlerisch – so die Überzeugung dieser Kinder.

Ihr Verhalten ist auf Provokation ausgerichtet und sie widersetzen sich kampfesfreudig den Anweisungen der Eltern.

Durch ein vorwiegend unangemessenes Verhalten der Eltern kann ein solches Gehabe der Kinder provoziert oder ausgelöst werden. Wegen der vorhandenen Orientierungslosigkeit erforschen die Kinder neue Wege und Möglichkeiten, um die eigene Ausrichtung zu finden. Dadurch suchen sie den ständigen Machtkampf mit der übergeordneten Position. Sie wollen herausfinden, wer der Stärkere ist.

Diese Kinder benötigen in solch schwierigen Phasen eine konsequente Erziehung beider Elternteile, anderenfalls wird ein erträgliches Zusammenleben im familiären Netzwerk zu einer sehr schwierigen Aufgabe!

4.1.2 Die Freunde

Im Freundeskreis handelt es sich um Menschen, die sich in einem Netzwerk ständig in der Opposition befinden. Zwar wollen oder können sie im Rahmen der gelebten Regeln des Netzwerkes keine Verantwortung oder keine maßgebende Position übernehmen, gleichwohl wissen sie alles immer besser.

Meistens besteht eine große Lücke zwischen ihrem Selbstbild, also der Vorstellung, die sie von sich haben, und dem Fremdbild, welches Dritte von ihnen haben. Diese

Kluft fällt überwiegend zuungunsten dieser Menschen aus! Wenn sie darauf angesprochen werden, so nehmen sie das auf die leichte Schulter, da es ihnen egal ist, was andere von ihnen denken.

Sie wollen alles Bewährte verändern und die Leader des Netzwerkes gerne eines Besseren belehren. Was nicht „auf ihrem Mist" gewachsen ist, kann gar nicht gut sein!

Sie hören sich gerne reden und lassen andere nur ungerne zu Worte kommen. Zuhören, hinterfragen oder reflektieren gehören nicht zu ihren Stärken.

Sie haben wenig Fingerspitzengefühl, können beleidigen und auf eine gemeine Art und Weise andere Ansichten oder Meinungen vernichten.

Wenn eine Entscheidung, welche von den übergeordneten Positionen getroffen wurde, nicht wie geplant funktioniert oder etwas schief läuft, so können sie schadenfreudig schmunzeln, denn sie haben es ja so kommen sehen! Entsprechend können sie sich auch nicht über den Erfolg anderer Personen freuen – bei Misserfolg schon eher.

In Arbeitsgruppen des Netzwerks wollen sie stets ihre eigenen Absichten durchsetzen, sind wenig kompromissbereit, nicht konsensfähig und schon gar nicht teamfähig.

Sie suchen sich in einem Netzwerk immer die Gleichgesinnten, um bestenfalls gemeinsam gegen Bestehendes vorgehen zu können.

Sie sind keine erfreulichen Partner. Einem angenehm Zusammenleben in einem Netzwerk schaden sie mehr als sie nützen. Sie sind nicht hilfsbereit, oftmals unanständig und haben wenig Herzensgüte!

4.1.3 Die Mitarbeitenden

Mitarbeitende, deren Verhalten sich hauptsächlich in diesem Charakterfeld bewegt, sind Menschen, die sich vorwiegend mit ihresgleichen umgeben, sofern sie diese finden.

4 Die untergeordneten Charaktere

Sie haben Schwierigkeiten, die bestehenden „Spielregeln" in einem Unternehmen zu respektieren, geschweige denn zu akzeptieren. Andere Ideen und Meinungen, die nicht ihren Vorstellungen entsprechen, nehmen sie nur widerwillig oder gar nicht an.

Sie sind illoyal und können sich nur schwer in ein Team einfügen.

Sowohl ihre verbale wie auch nonverbale Art zu kommunizieren, missfällt vielen Menschen, mit denen sie zusammenarbeiten müssen. Dies führt immer wieder zu unnötigen Diskussionen und Aussprachen unter den Beteiligten.

Sie provozieren, um gewisse negative Reaktionen auszulösen, die sie dann wiederum versuchen, zu ihren Gunsten auszunutzen.

In Auseinandersetzungen können sie laut und unsachlich argumentieren. Sie selber neigen in diesen Gesprächen dazu, andere Gesprächsteilnehmer persönlich anzugreifen oder zu beleidigen. Selber ertragen sie Kritik nur schwer. Für allfällig begangene Fehler haben sie fast immer Ausreden oder schieben die Schuld auf andere ab.

Es sind Menschen, die eine starke Führung benötigen, damit ihre anarchistischen Charaktereigenschaften nicht negative Auswirkungen auf das gesamte Arbeitsklima haben.

Solche Mitarbeitende tragen wenig bis nichts zu einem positiven Zusammenleben in der bestehenden Hierarchie bei. Wenn sie nicht bereit sind, ihr Verhalten grundlegend zu ändern und sich entsprechend anzupassen, wird eine langfristige Zusammenarbeit beinahe unmöglich.

4.1.4 Fazit

Es ist äußerst schwierig und zeitweise auch unangenehm, mit diesen Charakteren in einer Hierarchie oder in einem Netzwerk zusammenzuleben und zusammenzuarbeiten. Obwohl sie nicht wirklich in der Verantwortung stehen und auch nicht über die notwendige Entscheidungskompetenz verfügen, wissen sie immer alles besser. Das bewährte System ist schlecht oder überholt – das ist zumindest ihre Meinung!

Die Menschen, die sich in diesem Charakterfeld bewegen, sind egoistisch und stur. Sie haben nicht die Absicht und den Willen, auf andere zuzugehen. Sie wollen lieber zerstören, anstatt mitzuhelfen und aufzubauen.

> Durch ihr unangemessenes übergeordnetes Verhalten gehören sie sowohl in einer Hierarchie wie auch in einem Netzwerk zu denjenigen Personen, welche Störungen und Disharmonie provozieren und auslösen! Deshalb ist ein positives Miteinander mit diesen Menschen ein schwieriges Unterfangen!

4.2 Das devote Verhalten

U	ü	u
i	illoyal, besserwisserisch **anarchistisch** destruktiv, aufsässig	
a		

Polarisierungsmodell U – das devote Verhalten

Wie erleben wir die Menschen, die sich in ihrer untergeordneten Position gegenüber den anderen Personen zusätzlich noch unangemessen (i) unterordnen?

Es sind Menschen, die nie gelernt haben, ihre eigene Meinung klar zu äußern und diese auch zu verteidigen.

Erwachsene, die sich bewusst in diesem Charakterfeld bewegen, sind oftmals doppelzüngig und nicht ehrlich. Gegenüber den vermeintlich Stärkeren sind sie kriecherisch oder unangenehm aufdringlich und anhänglich.

Sie sind nicht sehr fleißig, gleichwohl wollen sie den Eindruck erwecken, dass nur sie alleine so viel zu tun haben. Sie wechseln ständig ihre Meinungen und Ansichten, je nachdem, wem sie gerade gefallen wollen.

Oftmals verfolgen sie mit ihrem Verhalten eigene, egoistische Ziele. Diese wollen sie durch ihre devote Haltung, den Weg des geringsten Widerstandes, erreichen – so glauben sie zumindest!

Sobald sie durchschaut sind und ihre Absichten nicht erfüllt werden, neigen sie dazu, das „Lager" zu wechseln und kooperieren vorübergehend mit den anarchistischen Kollegen, weil sie glauben, dort ihre Verbündeten zu finden.

Bei den Kindern sieht das devote Verhalten etwas anders aus.

4.2.1 Die Kinder

Kinder, deren Verhalten sich größerntteils in diesem Charakterfeld bewegt, sind oft verunsichert und haben kein ausgeprägtes Selbstbewusstsein.

Sie haben keine eigene Meinung und wenn sie dann doch eine haben, so haben sie Angst, diese zu äußern, sofern sie nicht den Meinungen der anderen entspricht.

Oftmals ist dieses Verhalten auch eine Folge der Erziehung von autoritären Eltern (Abschn. 3.1.1).

Die Kinder haben nicht mehr den Mut, eine eigenständige Haltung einzunehmen, da sie zu oft in ihren Ansichten und Äußerungen nicht ernst genommen oder gar heruntergeputzt wurden.

In ihrem sozialen Umfeld neigen sie nun auch dazu, sich den „Stärkeren" unterzuordnen, weil sie es nie anders gelernt haben. Dadurch werden sie zu Mitläufern oder Einzelgängern.

Es gibt aber auch Kinder, die sich gezielt unterwürfig verhalten, weil sie glauben, dass sie auf diese Weise eher ihre Absichten durchsetzen können.

In diesen Phasen sind sie berechnend, nicht immer ehrlich und manchmal gar heuchlerisch. Diese Kinder können sich situativ ganz bewusst einschmeicheln und sich von der zuckersüßen Seite zeigen. Sollten sie mit dieser „Taktik" dann gleichwohl nicht zum Ziel kommen, so können sie sehr schnell frech und ungehalten werden. In ihrer Wut über den „Misserfolg" wechseln sie mit ihrem Verhalten in den anarchistischen Bereich und zielen nicht selten darauf ab, andere zu verletzen!

Um im jeweiligen Netzwerk der Familie ein harmonisches und wertvolles Zusammenleben gestalten zu können, sollten Sie diesen Kindern ein gesundes Selbstwertgefühl vermitteln. Zusätzlich gemeinsam klare Regeln und Normen erarbeiten – ansonsten kann es ziemlich schwierig werden!

4.2.2 Die Freunde

Jene Freunde oder Bekannte, die sich absichtlich in diesem Charakterfeld bewegen, haben erstens keinen gefestigten Charakter und sind zweitens ausgeprägte „Schleimer"!

Sie gehören zu jenen Menschen in einem Netzwerk, die hauptsächlich und willentlich NEHMEN!

Sie sind verschlagen und berechnend. Gekonnt ermitteln sie für sich, wo und bei wem sie die größten Vorteile haben, um sich genau bei jenen heuchlerisch einzuschleichen. Sie sind unaufrichtig, egoistisch und hinterhältig.

Uneigennützig würden sie nie etwas für das Zusammenleben in einem Netzwerk beitragen. Wenn es jedoch darum geht zu profitieren, so finden sie immer einen „Schleichweg", um dabei zu sein.

Sie haben auch selten die Größe, „nein" zu sagen, wenn ihnen etwas missfällt. In diesen Momenten sagen sie bewusst nichts und machen lieber die Faust in der Tasche. Sie haben nicht die Stärke, in einem persönlichen Gespräch allfällige

Gegensätzlichkeit zu diskutieren, dann müssten sie ja Stellung beziehen – und genau das wollen und können sie nicht, weil sie Windbeutel sind!

Sollten sich mit ihrer scheinheiligen Art ihre Absichten nicht erfüllen, so verbrüdern sie sich mit ihresgleichen, um gemeinsam, niederträchtig und hinterhältig zu lästern und zu nörgeln.

Verantwortung zu übernehmen oder Entscheidungen zu treffen überlassen sie gerne den andern, da sie selber gar nicht dazu in der Lage sind. Sich dann aber mit aller Konsequenz bei den Entscheidern anzubiedern und zu scharwenzeln – da sind sie dann wieder die Ersten, sofern es etwas zum Herausholen gibt.

Sie gehören in einem Netzwerk zu den unbeliebten Teilnehmern, da sie wenig zu einem friedlichen und harmonischen Zusammenleben beitragen – sie NEHMEN mehr als sie GEBEN!

4.2.3 Die Mitarbeitenden

Mitarbeitende, deren Verhalten sich mehrheitlich in diesem Charakterfeld bewegt, sind Menschen, die nur wenig oder kein Selbstwertgefühl haben. Sie sind schwierig zu „packen", da sie sich wenden und drehen können wie ein schlüpfriger Aal. Deshalb brauchen sie eine starke Führung!

Sie sind ergeben all jenen gegenüber, von denen sie sich etwas ausrechnen.

Damit Sie sich das bildhaft vorstellen können: Diese Menschen gehen „unter dem Teppich" ins Büro des Vorgesetzten und nach dem Gespräch „unter dem Teppich", dieses Mal jedoch rückwärts, wieder raus – in der Hoffnung, mit dieser untertänigen Haltung den übergeordneten Positionen imponieren zu können.

Sie bemühen sich stets zu zeigen oder zu sagen, wie viel sie doch für das Unternehmen leisten. Sie tun alles, um sich in ein positives Licht beim Vorgesetzten zu rücken. In Tat und Wahrheit sind sie jedoch eher bequem oder gar faul – sie sind stärker im Stapeln als im Abarbeiten.

Mit der Wahrheit nehmen sie es nicht immer so genau und reden den anderen nach dem Munde, sofern es ihnen etwas bringt. Nicht selten verbreiten sie bewusst Halbwahrheiten oder Lügen, wenn ihnen diese Vorgehensweise in die Hand spielen könnte.

Von ihren Arbeitskollegen werden sie überhaupt nicht geschätzt, da ihre unterwürfige Haltung offensichtlich und zeitweise sogar peinlich ist.

Mit ihrem Verhalten versuchen sie nicht selten, sich gewisse Vorteile gegenüber den anderen Kollegen zu erschleichen. Sollte dieses Vorhaben misslingen, so neigen sie dazu, in Selbstmitleid zu verfallen oder beginnen, sich im Sinne einer Heimzahlung heimtückisch unangemessen überzuordnen – sie wechseln temporär ins anarchistische Charakterfeld.

Ein erfolgreiches und angenehmes Zusammenarbeiten in einer Hierarchie ist mit solchen Menschen auf die Dauer nicht möglich!

4.2.4 Fazit

Es ist nicht besonders erfreulich, mit solchen Erwachsenen in einem Netzwerk oder in einer Hierarchie zusammenzuleben, da sie sich gezielt schleimend unterordnen, um gewisse Vorteile für sich herauszuholen. Sie haben keine eigene Meinung und vor allem keine charakterliche Festigkeit im positiven Sinne.

Sie sind viel zu bequem und zu eigennützig, um Verantwortung zu übernehmen. Lieber gehen sie den vermeintlich einfacheren Weg der unangemessenen Unterordnung. Damit tun sie jedoch weder sich noch den Mitmenschen einen Gefallen. Ganz im Gegenteil, ihre Art sich anzubiedern missfällt den meisten Kollegen, Freunden und Bekannten.

Sie sind Ja-Sager und Wendehälse. In schwierigen Situationen ist kein Verlass auf sie, da sie viel zu stark mit ihrer devoten Haltung beschäftigt sind.

> Aus diesen Gründen ist mit solchen Menschen ein positives und erfolgreiches Zusammenleben in einer Hierarchie oder in einem Netzwerk alles andere als einfach – ohne eine Änderung ihres Verhaltens geradezu unmöglich!

4.3 Das initiative Verhalten

U	ü	u
i	illoyal, besserwisserisch **anarchistisch** destruktiv, aufsässig	heuchlerisch, bequem **devot** arglistig, unehrlich
a		

Polarisierungsmodell U – das initiative Verhalten

Wie erleben wir nun jene Menschen, die sich in ihrem Verhalten anderen Personen gegenüber angemessen (a) überordnen, obwohl sie sich in einer untergeordneten Position befinden?

Es sind selbstsichere Menschen, die wissen was sie wollen. Sie stehen mit beiden Füßen auf dem Boden. Es sind geradlinige Persönlichkeiten, welche trotz ihrer untergeordneten Position aktiv am Geschehen teilnehmen, mitdenken und ehrgeizig mitarbeiten.

Sie sind ideenreich, kreativ und haben eine eigene Meinung, die sie auch in komplizierten Situationen konsequent vertreten.

Vielleicht sind sie manchmal ein bisschen vorlaut und ungestüm, aber sie sind nie arrogant oder überheblich. Sie sind fröhliche und weltoffene Menschen, die gerne in Gesellschaft sind.

Im Rahmen ihrer Möglichkeiten übernehmen sie auch gerne Verantwortung und verstecken sich nicht hinter anderen.

Sie werden von allen Seiten geschätzt, da sie im persönlichen Umgang einwandfrei und angenehm sind.

Wenn sie sich mit ihren Ideen nicht durchsetzen können, so sind sie weder beleidigt noch eingeschnappt, sondern nehmen es „sportlich" und schauen vorwärts.

4.3.1 Die Kinder

Kinder, die sich oft und gerne in diesem Charakterfeld aufhalten, sind fröhliche, selbstsichere und unternehmenslustige Geschöpfe. Sie sind weder hochmütig noch besserwisserisch, obwohl sie in ihrem sozialen Umfeld gerne eine Führungsrolle übernehmen. Dies machen sie aus Freude und nicht, um hervorzustechen oder um zu brillieren – sie tun es, weil es zu ihnen passt.

Wenn es um Freizeitaktivitäten oder Urlaubsplanung geht, arbeiten sie bei der Gestaltung aktiv mit und geben immer wieder lustige und interessante Impulse, die sowohl zum Nachdenken als auch zum Lachen anregen.

Sie sind quirlige Menschen, die vor Lebensfreude nur so strotzen. Zugegeben, manchmal sind sie etwas vorlaut und übereifrig, aber sie meinen es gut. Ihr Temperament geht hie und da mit ihnen „durch", so wie das bei jungen Fohlen passieren kann.

Im Umgang mit ihren Freunden und Freundinnen möchten sie gerne federführend sein, gleichwohl sind sie meist anständige und überaus hilfsbereite Kumpels.

In der Schule geben sie sich Mühe und sind stolz auf gute Noten. Zu den Lehrern haben sie ebenfalls meist ein gutes Verhältnis. Sie werden von ihren Mitschülern geschätzt und haben deswegen durchwegs einen großen Freundeskreis.

Desgleichen ist die Beziehung zu den Eltern. Diese Kinder haben einen vertrauensvollen und offenen Umgang mit Mutter und Vater.

Natürlich läuft nicht immer alles reibungslos mit solch lebhaften Kindern. Im Gegenteil, es kann richtig „Zoff" geben – vor allem dann, wenn die Fantasien dieser Kinder sich „verselbstständigen"! Doch sie sind nicht nachtragend, wenn das „Gewitter" vorbei ist, können sie alsbald wieder lachen.

Durch ihre direkte, originelle und humorvolle Art können sie viel zu einem lustigen, kommunikativen und schönen Zusammenleben in einem Familiennetzwerk beitragen!

4.3.2 Die Freunde

Das sind Freunde, Kollegen oder Bekannte, die im jeweiligen Netzwerk keine führende Position innehaben. Doch damit haben sie überhaupt kein Problem. Sie bewegen sich gerne in diesem initiativen Charakterfeld, da sie es nicht nötig haben, immer und überall indiskret zu demonstrieren, wie gut und unverzichtbar sie doch sind.

Es sind Menschen, die sich jederzeit und allerorten aktiv einsetzen wollen und können. Sie sind äußerst flexibel, kreativ und haben stets spannende Denkansätze oder Vorschläge.

In einem Netzwerk gehören sie zu jenen Teilnehmern, die viel mehr GEBEN, als sie NEHMEN – dies im Gegensatz zu anderen Charakteren.

In Diskussionen sind sie ehrgeizig bei der Sache und geben sich selten mit dem erstbesten Lösungsvorschlag eines Problems zufrieden.

Sie haben genügend Rückgrat und können sich auch gegenüber den führenden Positionen in einer bestimmten, aber höflichen Art durchsetzen. Sie untermauern ihren Standpunkt stets geschickt und glaubwürdig. Es geht ihnen nicht darum, Recht zu haben, sondern sie versuchen, den bestmöglichsten Weg zu finden.

Sie sind authentische und sehr verlässliche Freunde!

Obwohl sie nicht immer mit allen Vorschlägen und Ansichten einverstanden sind, gehen sie stets respektvoll mit ihren Partnern um. Wenn ihre eigenen Vorschläge nicht angenommen werden, weil es vielleicht bessere gibt, dann können sie damit problemlos umgehen und akzeptieren den neuen Weg ohne Wenn und Aber. Solche Menschen werden von ihren Freunden sehr geschätzt und geachtet.

Durch ihre ideenreiche und hilfsbereite Vorgehensweise ist ein Zusammenleben in einem Netzwerk mit diesen Personen eine begeisternde Angelegenheit!

4.3.3 Die Mitarbeitenden

Mitarbeitende, die sich in ihrem Verhalten mehrheitlich in diesem Charakterfeld aufhalten, sind Menschen mit einem gesunden Selbstbewusstsein. Sie sind sich ihrer Stärken bewusst und bringen diese auch gerne zugunsten des Unternehmens ein.

Obwohl sie sich in der Hierarchie in einer untergeordneten Position befinden, behalten sie ihre Meinungen und Ansichten nicht für sich, auch nicht gegenüber ihren Vorgesetzten. Sie machen das jedoch stets korrekt und mit fundierten Argumenten. Sie sind keine Blender oder Angeber – sie sind korrekt, sind offen für Neues, sind „Macher" und denken in die Zukunft.

Im Umgang mit ihren Kollegen und Kolleginnen sind sie ehrlich und hilfsbereit. In Arbeitsgruppen beteiligen sie sich aktiv an den Entscheidungsprozessen und haben oft gute und kreative Ideen. Sie sind meistens perfekt vorbereitet und haben in ihrem Arbeitsbereich ein breites Wissen.

Sie sind motivierte Menschen, die gerne arbeiten. Wenn sie in Projekten oder Planungen ihre Ansichten und Ideen nicht durchsetzen können, so akzeptieren sie dies und setzen sich bedingungslos für den anderen Lösungsweg ein – auch dann, wenn sie überzeugt sind, dass ihr Vorschlag der bessere und effizientere gewesen wäre. In solchen Situationen kennen sie keine Berührungsängste!

Auch in einer Krisensituation verfallen sie nicht sofort in Panik – Sie können sich stets auf sie verlassen, denn auch unter Zeitdruck sind sie noch in der Lage, strukturiert zu denken und sich in einem Kollektiv eifrig einzubringen.

Trotz all dem Positiven – auch sie brauchen eine klare Führung, damit sie in ihrer Euphorie nicht plötzlich die Positionen verwechseln.

Wir haben es hier mit Menschen zu tun, die durch ihre bejahende Ausstrahlung und ihren Enthusiasmus andere mitreißen können und dadurch viel zu einem fröhlichen und erfolgreichen Miteinander in einer Hierarchie beitragen!

4.3.4 Fazit

Es ist ein Genuss, mit diesen Menschen zusammen etwas zu unternehmen. Durch ihre selbstsichere, fröhliche und einfallsreiche Lebensart sind sie eine Bereicherung für jede Hierarchie und für jedes Netzwerk.

Es ist nicht immer einfach mit ihnen, denn sie sind fordernd und ausdauernd, manchmal ein wenig ungeduldig. Gleichwohl sind sie nie anmaßend oder besserwisserisch.

Sie haben eine eigene Meinung und vertreten diese konsequent und beharrlich. Obwohl sie sich in einer untergeordneten Position bewegen, wollen sie stets aktiv mitdenken und mitgestalten.

Sie haben eine gute Mischung zwischen Humor, Seriosität und Ehrgeiz. Diese Menschen übernehmen im Rahmen ihrer Möglichkeiten die Verantwortung für das, was sie sagen und für das, was sie tun. Wenn ihnen Fehler unterlaufen, dann stehen sie dazu und versuchen, es das nächste Mal besser zu machen.

> Diese Menschen geben jeder bestehenden Gemeinschaft die notwendigen Impulse und die positiven Reize, damit ein Zusammenleben und Zusammenarbeiten mit ihnen ein dynamisches und prickelndes Ereignis ist!

4.4 Das kooperative Verhalten

U	ü	u
	illoyal, besserwisserisch	heuchlerisch, bequem
i	**anarchistisch**	**devot**
	destruktiv, aufsässig	arglistig, unehrlich
	mutig, ehrgeizig	
a	**initiativ**	
	kreativ, selbstsicher	

Polarisierungsmodell U – das kooperative Verhalten

Wie erleben wir jene Menschen, die sich in einer untergeordneten Position in ihrem Verhalten gegenüber anderen Personen angemessen (a) unterordnen können?

Es sind Menschen mit Sensibilität und Feingefühl. Sie zeigen in vielen Momenten ein Verständnis für die jeweilige Situation. Sie sind zufrieden mit ihrer Rolle und akzeptieren die Entscheidungen der übergeordneten Position.

Durch ihr angemessenes Verhalten sind sie weder Duckmäuser noch Trittbrettfahrer – sondern in jeder Hinsicht geradlinige und genügsame Partner.

Sie haben viel Sinn für das Miteinander und sind äußerst teamfähig. Auch sie sind fröhliche und offene Wesen, die gerne Freunde und Kollegen um sich haben.

Diese Menschen haben eine ausgesprochen hohe soziale Kompetenz, stets ein offenes Ohr für die Mitmenschen – Konflikten jedoch gehen sie lieber aus dem Weg.

Sie können gut zuhören und geben jedem das Gefühl, verstanden zu werden. Sie sind sehr beliebte Partner, die sich nicht in den Vordergrund drängen. Sie sind ausgewogen, beherrscht und besonnen.

4.4.1 Die Kinder

Die Kinder, welche sich in ihrem Verhalten mehrheitlich in diesem Charakterfeld aufhalten, sind äußerst harmoniebedürftig und leben gerne in ihrer Familie. Sie sind zufrieden mit dem, was sie haben und beanspruchen nicht noch dies oder jenes, um glücklich zu sein.

Zu Hause sind sie hilfsbereit und unterstützen die Eltern und die Geschwister im Rahmen des Machbaren, ohne ständiges Aufbegehren. Es gehört für sie einfach dazu! Wenn es darum geht, mit dem Hund spazieren zu gehen oder das Zimmer aufzuräumen, so sind sie zur Stelle und übernehmen die notwendigen Aufgaben gerne.

Sie sind keine Kinder, die immer und über alles noch lange und intensiv lamentieren müssen.

Auseinandersetzungen, Konflikte oder Streitereien in der Familie oder mit den Freunden mögen sie ganz und gar nicht. Deshalb gehen sie, so gut es geht, diesen Situationen aus dem Wege.

Sie sind vielfach sehr sensibel und daher auch entsprechend einfühlsam.

Im Umgang mit ihren Freunden und Freundinnen sind sie uneigennützig und entgegenkommend.

In der Schule gehören sie eher selten zu den Klassensprechern, dafür sind sie viel zu bescheiden. Sie gehen jedoch gerne zur Schule und geben sich auch entsprechend Mühe, damit die Leistungen stimmen.

Oftmals sind sie fast ein bisschen zu bescheiden und zu genügsam. Deshalb ist es wichtig, dass die Eltern diese Kinder ab und zu wachrütteln und anspornen, damit sie nicht zu brav oder zu zurückhaltend werden!

Dank ihren ruhigen, hilfsbereiten und wohlwollenden Umgangsformen haben sie beste Voraussetzungen um mitzuhelfen, damit das Zusammenleben im Familiennetzwerk weiterhin eine spannende und fröhliche Angelegenheit bleibt!

4.4.2 Die Freunde

Bekannte, Kollegen oder Freunde, die sich hauptsächlich in diesem kooperativen Charakterfeld bewegen, sind Menschen, die sich nicht gerne in den Vordergrund drängen und ihren Beitrag zum Erfolg viel lieber in einer untergeordneten Position leisten.

Auf diese Personen können Sie sich verlassen. Sie sind zwar eher die stillen „Schaffer" im Hintergrund, aber sie sind gleichwohl mit Herz und Seele dabei und unterstützen alle Teilnehmer im Netzwerk, wo immer sie können oder gebraucht werden.

Sie sind herzensgute und freundschaftliche Partner. Sie haben stets ein offenes Ohr und können aufmerksam zuhören – kurzum, sie sind empfindsame, verlässliche und liebenswürdige Menschen!

In harten Diskussionen sind sie eher zurückhaltend und stellen sich häufig auf die Seite des Schwächeren. In ihrer Art der Kommunikation legen sie viel Wert auf einen anständigen und respektvollen Umgang miteinander. Böswillige Anschuldigungen, harsche Töne oder gemeine Unterstellungen verabscheuen sie zutiefst.

Sie sind froh, nicht zu viel Verantwortung übernehmen zu müssen, gleichwohl setzen sie sich hundert Prozent für das Erreichen der gesetzten Ziele oder Absichten ein.

Diese Menschen brauchen allerdings jemanden im Netzwerk, der sie ab und zu sanft in den Hintern kneift, damit sie „ihr Licht nicht unter den Scheffel stellen".

Wegen der zuvorkommenden und hilfsbereiten Art dieser Menschen, gibt es immer wieder Leute in den Netzwerken, die dazu neigen, sie auszunutzen. Davor sollten Sie sie schützen, denn dafür sind sie viel zu schade!

Das Zusammenleben in einer bestehenden Gemeinschaft mit solchen Menschen ist eine Freude. Ihre freundschaftliche, aufopfernde und liebenswürdige Art unterstützt ein konfliktarmes Miteinander auf vorbildliche Weise!

4.4.3 Die Mitarbeitenden

Mitarbeitende, die sich hauptsächlich in diesem kooperativen Charakterfeld aufhalten, sind so, wie es diese beiden Wörter sagen – sie arbeiten und sie kooperieren!

Sie sind sehr zuverlässige und umgängliche Partner, die sich äußerst loyal und kollegial gegenüber dem Unternehmen und deren Mitarbeitenden verhalten.

Diese Menschen verrichten ihre Aufgaben mit größter Sorgfalt und geben sich Mühe, möglichst fehlerfrei zu agieren. Sie sind sehr präzise, gewissenhaft und gründlich in ihren Tätigkeiten.

Im Umgang mit den Kollegen und den Vorgesetzten sind sie korrekt und stets bemüht, den richtigen Ton zu finden.

Sie sind sehr teamorientiert und arbeiten deshalb auch gerne in verschiedenen Arbeitsgruppen mit. Sie sind hilfsbereite und bescheidene Menschen. Sie suchen keine Konflikte und gehen auch nicht in die Opposition – beides mögen sie nämlich überhaupt nicht.

Sie gehören nicht zu den kreativsten Mitarbeitenden, sie lieben und schätzen das Bekannte und das Bewährte.

Manchmal sind sie fast ein bisschen zu still und zu ruhig – sie brauchen deshalb eine Führung, welche sie in regelmäßigen Abständen aus der Reserve lockt und ermutigt, mehr in die Offensive zu gehen.

Sie sind vielfach mit einer hohen sozialen Kompetenz, mit viel Fingerspitzengefühl und Feingefühl ausgestattet. Diese Fähigkeiten setzen sie auch gerne ein, wenn es darum geht, dem Unternehmen behilflich zu sein oder die Kollegen und Kolleginnen in schwierigen Situationen zu unterstützen.

Sie haben sehr wohl eine eigene Meinung zu den Dingen – diese sagen sie jedoch leider oftmals erst dann, wenn sie dazu aufgefordert werden.

Bei den Mitarbeitern und Mitarbeiterinnen sind sie sehr beliebt, weil sie keine Gründe liefern, um sie nicht zu mögen!

Durch ihre freundliche, höfliche und zuvorkommende Art tragen sie viel zu einem harmonischen und ausgewogenen Zusammenarbeiten in einer Hierarchie bei!

4.4.4 Fazit

Es ist ein Glück, solche Partner in einem Netzwerk oder in einer Hierarchie dabei zu haben. Ihre zurückhaltende, bescheidene und ausgewogene Lebensart ist vorbildlich und bewundernswert.

Sie suchen weder Streit noch Zwietracht, sondern streben ein möglichst ausgewogenes Miteinander an. Ihre Aufgaben erfüllen sie mit Fleiß, sie sind präzise, gewissenhaft und gehen sorgsam mit den ihnen anvertrauten Ressourcen um.

Sie brauchen von Zeit zu Zeit eine sanft „rüttelnde Hand", damit sie nicht zu stark in den Hintergrund gedrängt werden. Sie sollten sich ihrer Fähigkeiten stärker bewusst werden und ihre Meinungen und Ansichten spontaner mitteilen!

Sie haben eine große soziale Kompetenz, sind äußerst teamfähig und zeigen eine ausgeprägte Loyalität! Auf diese Menschen ist Verlass!

> Durch ihre Fähigkeiten unterstützen diese Menschen in vielen Hinsichten ein partnerschaftliches und wohltuendes Zusammenleben oder Zusammenarbeiten in einer Hierarchie oder in einem Netzwerk!

4.5 Zusammenfassung

U	ü	u
	illoyal, besserwisserisch	heuchlerisch, bequem
i	**anarchistisch**	**devot**
	destruktiv, aufsässig	arglistig, unehrlich
	mutig, ehrgeizig	teamfähig, loyal
a	**initiativ**	**kooperativ**
	kreativ, selbstsicher	korrekt, hilfsbereit

Polarisierungsmodell U – Übersicht

In der Übersicht sehen Sie die vier Charakterfelder der untergeordneten Position. In diesen Feldern bewegen sich all jene Personen, welche sich wegen ihrer Funktion oder Rolle in einer Hierarchie oder in einem Netzwerk eben in dieser Position befinden. Im Gegensatz zu den übergeordneten Positionen stehen diese Menschen in den jeweiligen Prozessen und Abläufen nicht in der Hauptverantwortung und verfügen somit auch nicht über die notwendigen Entscheidungskompetenzen.

Anarchistisch
Wenig bis kein Gespür für ein störungsfreies Zusammenleben. Sie sind rebellisch, destruktiv, illoyal und sture Egoisten.

Devot
In ihrer unangemessenen Unterordnung sind sie oftmals doppelzüngig, unehrlich, kriecherisch und zeitweise hinterhältig.

Initiativ
Selbstsichere Mitmenschen. Sie sind geradlinig, kreativ, weltoffen und fröhliche Gestalten, welche anpacken und mitreißen wollen.

Kooperativ
Sehr sensible und hilfsbereite Partner. Sie sind ausgewogen, sehr loyal und äußerst teamfähige Menschen mit „empfindsamen Antennen".

Was für die übergeordnete Position gilt, ist auch hier zutreffend: Bitte versuchen Sie nicht, diese vier einzelnen Verhaltensmuster als in sich abgeschlossen und absolut zu betrachten. Damit ein optimales und konstruktives Miteinander in einer Hierarchie oder in einem Netzwerk gelingt, ist die Balance im eigenen Verhalten eine unabdingbare Notwendigkeit. Dazu später mehr!

5

Gesamtübersicht

Nachfolgend die Totalansicht des Polarisierungsmodells:

Ü	ü	u
i	herrschsüchtig, gefühllos **autoritär** tyrannisch, selbstherrlich	führungsschwach, mutlos **autoritätslos** überfordert, unzureichend
a	respektvoll, führungsstark **autoritativ** entscheidungsfreudig, besonnen	teamorientiert, aufrichtig **fair** geradlinig, gerecht

U	ü	u
i	illoyal, besserwisserisch **anarchistisch** destruktiv, aufsässig	heuchlerisch, bequem **devot** arglistig, unehrlich
a	mutig, ehrgeizig **initiativ** kreativ, selbstsicher	teamfähig, loyal **kooperativ** korrekt, hilfsbereit

Polarisierungsmodell – Gesamtübersicht

© Springer Fachmedien Wiesbaden GmbH, ein Teil von
Springer Nature 2020 J. Isenschmid, *Kommunikation im Alltag*,
https://doi.org/10.1007/978-3-658-26636-3_5

So sieht das Polarisierungsmodell in der Gesamtübersicht aus. Der obere Teil entspricht der übergeordneten Position und der untere Teil der untergeordneten Position.

In Ihrer Rolle als Elternteil, als Vorstandsmitglied in einem Verein oder als Vorgesetzter bewegen Sie sich hauptsächlich in der übergeordneten Position.

Als Kind in der Familie, als Vereinsmitglied ohne spezifische Verantwortung, als Angestellter ohne Führungsaufgabe in einem Unternehmen sind Sie meistens in der untergeordneten Position angesiedelt.

Dies hat absolut nichts mit der Qualität oder den Fähigkeiten von Ihnen als Mensch und Ihrer Persönlichkeit zu tun. Sondern es zeigt lediglich auf, wo Sie sich im Polarisierungsmodell, aufgrund Ihrer Aufgabe in der bestehenden Gemeinschaft, bewegen.

5.1 Charakterfelder

Die Beschreibungen dieser acht unterschiedlichen Charaktere basieren nicht auf einem psychologischen Gutachten oder einer psychologischen Persönlichkeitsstudie. Es ist auch kein Psychogramm!

Es sind lediglich Darstellungen und Beobachtungen von Menschen, welche auch Sie kennen und wie Sie sie im ganz normalen täglichen Leben in bestimmten Situationen erleben.

Möglicherweise haben Sie die eine oder andere Person in Ihrem privaten oder geschäftlichen Umfeld geistig bereits als Gesamtbeurteilung in einem einzigen Charakterfeld positioniert. Das jedoch wäre ein falscher Weg, denn es entspricht nicht der Absicht des Modells.

Wieso?

Jeder Mensch hat nicht nur die eine Seite, sondern er hat verschiedene Gesichter. Die Charakterfelder beschreiben den Menschen so, wie er sich verhält, wenn er sich in diesem einen Feld aufhält. Die meisten Menschen befinden sich, ob in der über- oder in der untergeordneten Position, nicht dauernd im selben Feld. Dies ist stark situationsabhängig!

Allerdings haben die meisten Menschen in ihrem Verhalten eine Grundtendenz.

Das eine Kind ist von seiner Persönlichkeit her öfters im initiativen Feld angesiedelt, das andere hauptsächlich im kooperativen Kästchen. Der eine Bekannte ist in seinem Charakter stark anarchistisch gefärbt, eine andere Freundin ist eher im devoten Teil daheim. Der eine Vorgesetzte ist von seinem Wesen her eher im fairen Feld zu Hause, der andere hat hauptsächlich autoritäre Charakterzüge.

Die Kunst eines positiven und störungsarmen Miteinanders in einer Hierarchie oder in einem Netzwerk besteht darin, sich in seiner Position bewusst im richtigen Moment im geeigneten angemessenen Feld zu bewegen. Dies bedingt jedoch, dass Sie sich Ihrer Grundtendenz bewusst sind und die Bereitschaft haben, diese vorübergehend zu verlassen, wenn es die Situation verlangt!

5.2 Der schmale Pfad

Damit Sie in einer bestehenden Gemeinschaft ein positives Miteinander erleben können, sollten sich möglichst alle Beteiligten überwiegend in den angemessenen Charakterfeldern bewegen. Doch die Menschen werden vielfach von Gefühlen und Empfindungen geleitet und zeigen dann sehr spontane Reaktionen, welche nicht immer vorteilhaft für den weiteren Verlauf des kommunikativen Prozesses sind.

Durch diese Affektreaktionen schrumpft der Weg zwischen angemessenem und unangemessenem Verhalten zu einem schmalen Pfad!

Bestimmt kennen Sie es: Es reicht oftmals schon ein falsches Wort, der falsche Zeitpunkt oder der falsche Ton, um den Anfang einer Störung auszulösen. Wenn Sie danach analysieren, wie es denn nun zu dieser Eskalation gekommen ist, dann werden Sie häufig zur Erkenntnis gelangen, dass eine übertriebene Spontanreaktion ein essenzieller Mitauslöser war.

Damit Sie diese erschwerenden Gefühls- oder Empfindungsreaktionen minimieren können, ist es hilfreich, wenn Sie versuchen, bei sich selbst eine mentale Halt-Reaktion zu installieren!

Wie machen Sie das? Indem Sie lernen, für sich selbst, vor kritischen Situationen drei kurze Fragen zu beantworten:

> Dient das, was ich sagen möchte, der Sache?
> Kann ich mit diesem Menschen so umgehen?
> Ist es der richtige Zeitpunkt, um zu reagieren oder zu agieren?

Damit haben Sie sich nicht nur eine „mentale Bremse" eingebaut, sondern sich zusätzlich noch Gedanken zu Ihren Verhaltensaspekten gemacht. Auf diese Weise erhöhen Sie Ihre Chance für eine angemessene Reaktion und verbreitern dadurch zwangsläufig den ohnehin schon schmalen Pfad.

Für die Beantwortung dieser drei Fragen brauchen Sie einige wenige Sekunden. Nehmen Sie sich diese Zeit, atmen Sie gleichzeitig tief ein und aus – Sie werden sehen, es lohnt sich!

5.3 Der Trugschluss

Ein Trugschluss beschreibt eine, auf den ersten Blick richtige Wahrnehmung oder Empfindung, die in der Schlusskonsequenz so nicht stimmt – Sie ziehen einen falschen Schluss!

5 Gesamtübersicht

Deshalb ist es ein Trugschluss, zu meinen oder zu glauben, es seien die anderen schuld – das stimmt so nicht! Gelegentlich sind Sie es selbst, der die unerwünschte Reaktion ausgelöst hat, obwohl Sie meinen, die anderen seien schuld!

> Signale und Reaktionen lösen Gegenreaktionen aus!

Um ein störungsarmes und positives Zusammenleben und Zusammenarbeiten in einer bestehenden Gemeinschaft zu erreichen, ist es fundamental, anstatt zuerst die anderen zu kritisieren oder zu korrigieren, bei sich selbst anzusetzen.

Dies gelingt, indem Sie sich kontinuierlich und verbindlich hinterfragen.

Sie haben ganz bestimmte Vorstellungen, wie das Verhalten Ihres Vorgesetzten sein sollte. Als Eltern haben Sie eine klare Meinung, wie sich Ihre Kinder benehmen dürfen. Auch haben Sie eine genaue Idee, wie Ihre Freunde oder Freundinnen Ihnen gegenüber auftreten müssten. Als Manager haben Sie ein exaktes Bild vom idealen Mitarbeitenden.

Doch verhalten Sie sich auch entsprechend, damit all diese Vorstellungen und Auffassungen eintreten? Es ist ein Denkfehler zu glauben, dass sich diese Menschen genau so verhalten, nur weil Sie sich das wünschen oder das erhoffen – das ist ein Trugschluss!

Deshalb ist es ausschlaggebend, sich permanent zu hinterfragen.

Bewegen Sie sich in Ihrer Rolle, in Ihrer Position in den entscheidenden Situationen tatsächlich in den richtigen Charakterfeldern? Unterstützen Sie durch Ihr Verhalten bewusst die Entwicklung Ihrer Partner, Kinder, Mitarbeitenden in die von Ihnen gewünschte Richtung? Bewegen Sie sich als Mitarbeitender wirklich in jenen Feldern, welche es den

Vorgesetzten ermöglichen, sich Ihnen gegenüber so zu verhalten, wie Sie sich das vorstellen? Sind Sie sich bewusst, welche Gegenreaktionen Sie durch Ihre Signale und Reaktionen auslösen?

Es ist ein Trugschluss zu meinen, die anderen seien immer schuld – mitunter sind Sie es, welcher die Disharmonie auslöst!

6

Die erfolgreiche Balance

Sich nicht nur überordnen wollen, sondern auch unterordnen können. Oder umgekehrt – sich nicht nur unterordnen wollen, sondern auch überordnen können. Das ist die Kunst des einwandfreien Seite-an-Seite-Arbeitens oder -Lebens – das bewusste Balancieren!

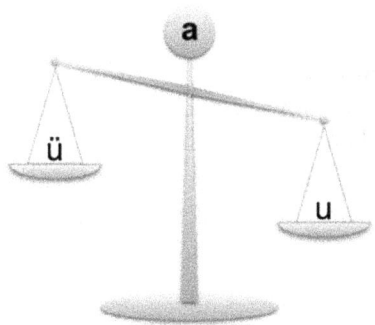

Die Waage

> Als Grundsatz gilt Nur durch das Wechselspiel (das Balancieren) zwischen den angemessenen Feldern (a) ist ein erfolgreiches und störungsarmes Miteinander möglich!

6.1 Allgemeines

Das Balancieren zwischen den angemessenen Positionierungen ist die wichtigste Voraussetzung, damit Sie sowohl in einer Hierarchie als auch in einem Netzwerk eine erfolgreiche Zusammenarbeit sowie ein störungsfreies Miteinander aufrechterhalten können.

Diese Fähigkeit verlangt von allen Beteiligten viel Fingerspitzengefühl, Einfühlungsvermögen und Selbstdisziplin.

Fingerspitzengefühl, damit Sie die vorgegebene Situation richtig einschätzen können!

Einfühlungsvermögen, damit Sie sich in die Gefühlswelt der anderen versetzen können!

Selbstdisziplin, damit Sie sich nicht von den eigenen Empfindungen überwältigen lassen!

Es ist wunderbar, mit Menschen zusammenzuarbeiten oder zusammenzuleben, welche in ihrem Verhalten positiv gefestigt sind. Die sich bewusst im richtigen Moment in den Vordergrund stellen, aber auch jederzeit in der Lage sind, einen Schritt zurück zu treten, sofern es die Situation erfordert.

6.2 In der übergeordneten Position

Das zielorientierte und erfolgreiche Balancieren zwischen dem autoritativen und dem fairen Charakterfeld:

	Ü	ü	u
i		herrschsüchtig, gefühllos **autoritär** tyrannisch, selbstherrlich	führungsschwach, mutlos **autoritätslos** überfordert, unzureichend
a		respektvoll, führungsstark **autoritativ** entscheidungsfreudig, besonnen	teamorientiert, aufrichtig **fair** geradlinig, gerecht

Das Balancieren in der übergeordneten Position

Was bedeutet eine erfolgreiche Balance für die verschiedenen Rollen in der übergeordneten Position?

6.2.1 In der Familie

In der Familie sind es die beiden Elternteile, welche in einem familiären Netzwerk die übergeordnete Position innehaben. Sie übernehmen in der Gemeinschaft die Hauptverantwortung und sind in vielen Situationen ermächtigt, im Sinne der Familie oder des Kindes zu entscheiden.

Als Elternteil wünschen Sie sich ein harmonisches Gemeinschaftsleben. Einen ausgewogenen und liebevollen Umgang miteinander, damit sich jedes Familienmitglied in seiner Rolle verstanden fühlt und sich entsprechend entwickeln und verwirklichen kann!

Sie erwarten von Ihren Kindern einen offenen und ehrlichen Umgang untereinander sowie soziales Verständnis und Kommunikationsbereitschaft. Sie sollen anständige und hilfsbereite Menschen werden, die sich ihrer stets wachsenden Selbstständigkeit und der damit verbundenen Eigenverantwortung bewusst sind und diese ordentlich ausüben. Auch der Humor und die Fröhlichkeit sollen dabei nicht zu kurz kommen.

Dies sind bodenständige und gleichzeitig wertvolle Erziehungsabsichten, welche Ihre Kinder im Leben weiterbringen werden.

Um all diese Bestrebungen gemeinsam mit Ihren Kindern zu erreichen, ist es wegweisend, wie Sie Ihre federführende Rolle im Familiennetzwerk realisieren!

Sollten Sie sich in Ihrer übergeordneten Position mehrheitlich in den unangemessenen Feldern aufhalten, so werden Sie Ihr Ansinnen nicht in der Form erreichen, wie Sie sich das vorstellen. Die Kinder werden sich zwar in den jungen Jahren nicht dagegen stellen, weil sie es noch nicht können. Aber sobald sie in die pubertierende Phase eintreten, spätestens jedoch nach dieser Zeitspanne, werden sie sich entsprechend zu wehren wissen!

In diesem Fall wäre es ein Trugschluss zu meinen, die Kinder seien schuld …!

Das weit sinnvollere Vorgehen Ihrerseits ist das konsequente Vorleben der autoritativen und fairen Verhaltensweisen im Zusammenleben mit Ihren Kindern.

Durch das angemessene Überordnen setzen Sie Grenzen. Sie geben den Rahmen und die Regeln vor innerhalb welchen sich Ihre Kinder frei bewegen können.

Sie nehmen Ihre erzieherische Verantwortung wahr und fällen gemeinsam mit Ihrem Partner die notwendigen Entscheidungen im Sinne eines positiven Miteinanders.

Dadurch schaffen Sie eine natürliche Disziplin und als Eltern sind Sie für Ihre Kinder, im positiven Geist, richtungsweisend.

Durch das faire, angemessene Unterordnen, geben Sie Ihren Kindern das Gefühl der Einbeziehung und des Verstandenseins. Folglich können sie sich entfalten, eigene Ideen ins Familienleben mit einbringen und lernen zusätzlich, im Rahmen ihrer Möglichkeiten Verantwortung zu übernehmen. Die Kinder fühlen sich ernst genommen und lernen dabei, ihren Teil zu einem ausgewogenen Zusammenleben beizutragen.

Durch das gezielte Balancieren zwischen den angemessenen Feldern geben Sie einerseits klare Standards und Normen bekannt, an welche sich alle Familienmitglieder halten sollen. Andererseits haben die Kinder die Möglichkeit, ihre Inspirationen, Fantasien und Vorschläge ins Familienleben mit einzubringen.

Dank dieses Verhaltens können Sie vorbildlich zu einem schönen und fröhlichen Zusammenleben im Familiennetzwerk beitragen!

6.2.2 Im privaten Netzwerk

Ein privates Netzwerk ist eine Interessengemeinschaft, in welcher Sie in Ihrer Freizeit aktiv oder passiv mitarbeiten. Das kann ein Verein, Klub, eine Sportvereinigung, politische Partei oder eine andere Verbindung sein.

In diesen Netzwerken sind es die Personen der Vereins- oder Parteiführung, welche sich in der übergeordneten Position befinden. Sie haben die Verantwortung für die Geschicke dieser Gemeinschaft freiwillig übernommen oder wurden gewählt. Zusätzlich haben sie, im vorgeschriebenen Rahmen allfälliger Statuten, eine klar definierte Entscheidungsfreiheit.

Als einer der Vorsitzenden eines solchen Netzwerks haben Sie genaue Vorstellungen, wie sich Ihre Freunde und Freundinnen in dieser Interessengemeinschaft verhalten sollten.

Sie möchten Ihre Freizeit mit Menschen verbringen, die nicht nur nehmen, sondern auch geben. Mit solchen, die authentisch, verlässlich sowie respektvoll im Umgang miteinander sind. Sie sollten mit Herz und Seele bei der Sache sein. Ihre Freunde sollten zuhören können, aber auch immer wieder mit neuen Ideen überraschen. Kurzum – herzensgute, fröhliche, unkomplizierte und aktive Partner, Freunde oder Freundinnen mit denen Sie gerne gemeinsam die angestrebten Ziele verfolgen.

Damit Ihre Mitglieder in dem jeweiligen Netzwerk auch tatsächlich diesen Schilderungen nachkommen können, bedingt dies, dass Sie Ihre übergeordnete Position mit viel Fingerspitzengefühl und Umsicht ausüben. Diese Menschen haben sich schließlich freiwillig und ohne jeglichen Zwang der jeweiligen Interessengemeinschaft angeschlossen!

Durch autoritäres, selbstherrliches und überhebliches Auftreten werden Sie schnell die Unterstützung und Mithilfe Ihrer Freunde verlieren. Gut gemeinte Vorschläge einfach zu ignorieren kommt meist schlecht an!

Auch im privaten Netzwerk, genau wie in einem Unternehmen oder in einer Familie, ist von der übergeordneten Position ein bewusstes Balancieren zwischen angemessener Über- beziehungsweise Unterordnung gefragt – ansonsten ist es ein Trugschluss zu meinen, Ihre Freunde seien schuld, wenn sie sich nicht so verhalten, wie Sie sich das vorstellen und wünschen!

Durch Ihr Verhalten im autoritativen Feld erledigen Sie Ihre Führungsaufgaben geschickt und zielorientiert. Sie treffen die notwendigen Entscheidungen im Rahmen der vorgesehenen Richtlinien und nehmen die Ihnen übertragene Verantwortung wahr, ohne dabei Ihre Partner zu brüskieren. Sie gehen mit gutem Beispiel voraus. Sie vertreten konsequent Ihre Standpunkte – Überheblichkeit und Hochmut haben keinen Platz.

Dank Ihrem situativen Wechsel in den fairen Bereich und damit in die angemessene Unterordnung, geben Sie allen Beteiligten immer wieder Chancen wie auch Möglichkeiten, die Prozesse mitzugestalten. Ihre Freunde dürfen und sollen ihre Meinungen offen darlegen, auch wenn diese nicht den Ihrigen entsprechen. Sie wiederum hören zu und sind in der Lage, andere Ansichten gelten zu lassen oder diese gar zu übernehmen, sofern sie der Sache dienen.

Dadurch zeigen Sie viel Toleranz und Respekt gegenüber Ihren Freundinnen und Freunden.

Exakt durch dieses bewusste Verbinden sowie Ineinanderverschmelzen-Lassen von autoritativem und fairem Verhalten, entsteht ein Zusammenleben in einem Netzwerk, welches weitgehend frei von Störungen und Missgunst ist!

6.2.3 Im Unternehmen

Im Unternehmen sind es hauptsächlich das Management, die Vorgesetzten oder Führungskräfte, die in der Hierarchie die übergeordnete Position einnehmen. Also jene Menschen, welche die Verantwortungen übernommen haben und über die entsprechenden Entscheidungskompetenzen verfügen.

Als Vorgesetzter streben Sie in Ihrem Verantwortungsbereich eine erfolgreiche und konfliktfreie Zusammenarbeit an.

Sie erwarten von Ihren Mitarbeitenden Initiative, kooperative Mitarbeit, teamfähiges Verhalten, Loyalität zum Unternehmen und Eigenverantwortung. Im Weiteren wünschen Sie ein fröhliches und angenehmes Arbeitsklima. Ihre Mitarbeitenden sollen auch Spaß an der Arbeit haben. Die vereinbarten Ziele wollen Sie gemeinsam mit ihnen erreichen.

Schön und gut soweit!

Wenn Sie das alles und noch einiges mehr gemeinsam mit Ihren Mitarbeitenden in der bestehenden Hierarchie erreichen wollen, dann hängt vieles von Ihnen ab.

Autoritäres oder gar autoritätsloses Verhalten im Sinne des Polarisierungsmodells hat hier keinen Platz, da Sie dieses Verhalten nie und nimmer in Ihren Vorstellungen unterstützen wird. Das Gegenteil wird der Fall sein, Ihre Mitarbeitenden werden sich schrittweise von Ihnen abwenden.

Wenn Sie dann meinen, die Mitarbeitenden seien schuld daran, dann ist dies ein Trugschluss!

Um all Ihre Wünsche und Begehren zu erreichen, sollten Sie sich beharrlich in den angemessenen Feldern (autoritativ und fair) bewegen – und dies wechselseitig!

Durch das autoritative, angemessen übergeordnete Verhalten treffen Sie Entscheidungen und erteilen Aufträge. Zusätzlich führen Sie auf diese Weise Ihre Mitarbeitenden in die angestrebte Richtung. Sie lösen Probleme und übernehmen Verantwortung.

Aber das reicht nicht aus!

Sie wollen ja Ihre Teammitglieder nicht nur fordern, sondern auch fördern und zum Mitdenken anregen. Die Mitarbeitenden sollen nicht nur kooperieren, sie sollen auch initiieren.

Durch das bewusste, faire Unterordnen geben Sie Ihren Mitarbeitenden die Möglichkeit, initiativ zu sein. Sie hören sich ihre Vorschläge sowie Ideen an und bedanken sich dafür. Sie geben ihnen die Chance, ihre Kreativität gezielt zu nutzen beziehungsweise einzusetzen. Sie gehen auf ihre Anregungen so oft wie möglich ein!

Sie balancieren geschickt zwischen Überordnen und Unterordnen.

Dadurch schaffen Sie ein Klima des gegenseitigen Vertrauens. Die Mitarbeitenden fühlen sich verstanden, sind dadurch nicht nur konsequent im Team integriert, sondern zusätzlich ein aktiver Teil des Erfolgs. Sie fördern das initiative Verhalten und fordern gleichzeitig ein kooperatives Mitarbeiten, sobald es eine bestimmte Situation verlangt.

Mit diesem Verhalten tragen Sie viel zu einem störungsfreien Zusammenarbeiten in einer Hierarchie bei!

6.3 In der untergeordneten Position

Das zielorientierte und erfolgreiche Balancieren zwischen dem initiativen und dem kooperativen Charakterfeld:

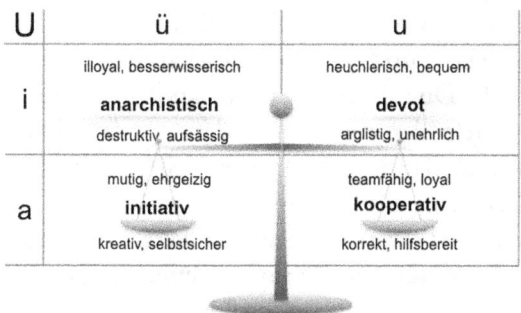

Das Balancieren in der untergeordneten Position

Auch in der untergeordneten Position ist eine erfolgreiche Balance anzustreben. Was bedeutet das nun für die verschiedenen Rollen?

6.3.1 In der Familie

In einer Familie sind es die Kinder, welche sich in der untergeordneten Position aufhalten. Die Hauptverantwortung in der Familie und die damit verbundene Entscheidungsfreiheit liegen nicht bei ihnen, sondern, bis zu einem gewissen Alter der Kinder, ausschließlich bei den Eltern.

(Ich gehe nicht davon aus, dass Kinder oder Jugendliche unter 14 Jahren dieses Buch lesen werden. Allerdings könnte es sein, dass der eine oder andere Teenager, wieso auch immer, gerade dieses Unterkapitel zum Lesen erhält. Ich erlaube mir deshalb, Dich in den kommenden Zeilen mit „Du" anzusprechen.).

Als Jugendlicher hast sicher auch Du ganz klare Vorstellungen und Ideen, wie das Zusammenleben in Deiner Familie sein sollte. Du möchtest bestimmt möglichst wenig „Zoff" mit Deinen Eltern sowie ein zufriedenes Miteinander.

Du erwartest von Deinen Eltern, dass sie Dir möglichst viel Freiraum lassen, damit Du Dich in Deiner Persönlichkeit entwickeln und verwirklichen kannst. Bei Unstimmigkeiten willst Du mit ihnen ein anständiges Gespräch führen können. Sie sollen nicht nur reden, sondern Dir auch zuhören – auch dann, wenn Deine Meinung nicht mit derjenigen Deiner Eltern übereinstimmt.

Es wäre cool, wenn Du in der Ferienplanung oder bei anderen Prozessen, im Rahmen Deiner Fähigkeiten, Ideen und Vorschläge einbringen dürftest.

Du hast Verständnis für gewisse „Maßnahmen", falls Du mal Mist gebaut hast, bist aber froh, wenn die Eltern danach nicht nachtragend sind! Du möchtest, dass sie hinter Dir stehen, Dich im Erreichen Deiner Ziele unterstützen und immer ein offenes Ohr für Dich haben.

Zusätzlich sollten sie Verständnis dafür haben, dass Du einen eigenen, speziellen Musikgeschmack hast.

Ok, das sind bestimmt keine übertriebenen Vorstellungen.

Damit Deine Eltern mit Dir in dieser freundschaftlichen Art umgehen können und wollen, ist es mitentscheidend, in welcher Form Du Dein Verhalten gestaltest.

Mit rebellischen und sturen Vorgehensweisen kommst Du nicht weit – durch unehrliche und hinterhältige Aktionen wirst Du auch nicht viel erreichen.

Wenn Deine Eltern bei einem solch destruktiven Verhalten von Dir nicht so reagieren, wie Du Dir das wünschst, ist es ein Trugschluss, wenn Du meinst, sie seien schuld!

Der erfolgversprechendste Weg, den Du gehen kannst, ist eine Kombination zwischen initiativem und kooperativem Verhalten.

Mit dem initiativen Vorgehen zeigst Du Deinen Willen zum aktiven Mitgestalten. Du präsentierst Dich als selbstbewusster und unternehmenslustiger Jugendlicher, ohne dabei arrogant oder hochnäsig zu sein. Auch in der Schule zeigst Du Dich von der kreativen Seite und setzt Dich entsprechend für gute Leistungen ein.

Durch Dein offenes und ehrliches Auftreten gewinnst Du zusätzlich noch viele Freunde und Freundinnen.

Doch vernachlässige Deine kooperative Seite nicht, auch wenn mit Dir ab und an das Temperament „durchgehen" kann!

Durch Deine angemessene Unterordnung demonstrierst Du beispielsweise Deine Hilfsbereitschaft gegenüber Deinen Eltern und Deiner Geschwister. Deine anstehenden Aufgaben zu Hause erledigst Du ohne „murren". Mit dem kooperativen Auftritt zeigst Du aber auch, dass Du nicht stets im Vordergrund stehen musst, sondern dass Du auch ohne Wenn und Aber einen Schritt zurück treten kannst und für Deine Familie da bist.

Mit Deinem gezielten Wechselspiel zwischen initiativen Aktionen und kooperativen Handlungen, kannst Du viel zu einem harmonischen und friedlichen Zusammenleben in Deiner Familie beitragen.

Dadurch fällt es Deinen Eltern wesentlich leichter, auf Deine Wünsche und Anregungen gezielt einzugehen!

Ich wünsche Dir viel Glück dabei!

6.3.2 Im privaten Netzwerk

In einem privaten Netzwerk befinden sich all jene Personen in der untergeordneten Position, welche nicht mit irgendeiner Vorstands- oder Vereinsführungsaufgabe beauftragt sind.

Sie haben sich entschlossen, in Ihrer Freizeit mehr oder weniger aktiv in einem Netzwerk mitzuwirken. Das tun Sie freiwillig und ohne Zwang, möchten aber keine führende

Rolle in dieser Interessengemeinschaft übernehmen. Trotzdem haben Sie eine genaue Vorstellung, wie Ihre Freunde und Freundinnen des Netzwerks mit Ihnen umgehen sollten, auch wenn Sie sich in der untergeordneten Position befinden.

Es sollten Freunde an der Spitze stehen, die Verantwortung übernehmen und die entsprechenden Entscheidungen qualifiziert herbeiführen können.

Sie wollen Ihre Mußestunden mit fröhlichen und humorvollen Zeitgenossen verbringen.

Ihre Meinungen und Ansichten sollen angehört werden. Die zwischenmenschlichen Kontakte dürfen sich nicht nur auf die untergeordneten Positionen beschränken – Sie wünschen Kontakt zu allen, auch zu den übergeordneten Positionen.

Aussprachen und Meinungsverschiedenheiten sollen anständig und geordnet durchgeführt beziehungsweise gelöst werden.

Dies sind bestimmt keine übertriebenen Anforderungen an Ihre Freundinnen und Freunde!

Damit Ihre Bekannten und Freunde sowohl in der übergeordneten als auch in der untergeordneten Position auf diese Weise mit Ihnen verkehren, sollten Sie sich in Ihrem Verhalten entsprechend ausrichten!

Durch unangemessenes Über- respektive Unterordnen werden Sie keine Lorbeerkränze gewinnen. Auch mit stetiger Besserwisserei oder überheblichen Äußerungen kommen Sie nicht zum Ziel und schon gar nicht mittels heuchlerischer oder arglistiger Absichten.

Sollten sich dadurch Ihre Vorstellungen bezüglich des Verhaltens Ihrer Freunde nicht erfüllen, so ist es ein Trugschluss zu meinen, die anderen seien schuld!

Besser ist, wenn Sie ganz natürlich und selbstbewusst zwischen den beiden angemessenen Feldern situativ hin und her balancieren!

Aufgrund Ihres initiativen und ehrgeizigen Verhaltens entwickeln Sie kreative Ideen und spannende Denkansätze. In Diskussionen setzen Sie sich aktiv ein und geben sich nicht mit dem erstbesten Lösungsvorschlag zufrieden, sondern versuchen stets, den bestmöglichen Weg zu finden. Sie sind aufgeschlossen und versuchen immer wieder, neue Impulse zu geben.

Dank Ihrer Teamfähigkeit und Hilfsbereitschaft macht es Ihnen überhaupt nichts aus, sich auch im kooperativen Feld zu bewegen. Dadurch unterstützen Sie selbstlos alle Teilnehmer im Netzwerk nach bestem Wissen und Gewissen. Sie hören zu, helfen mit und sind mit Herz und Verstand bei der Sache. Sie brauchen nicht immer im Vordergrund zu agieren, es macht Ihnen nichts aus, zwischendurch ganz still und leise Ihren Beitrag aus dem Hintergrund zu leisten.

Dank dieser wechselseitigen Verbindung und Verkettung von angemessener Über- beziehungsweise Unterordnung unterstützen Sie das positive Zusammenleben in einem Netzwerk auf eindrückliche und nachhaltige Weise!

6.3.3 Im Unternehmen

Im Unternehmen sind es mehrheitlich die Auszubildenden sowie die Mitarbeitenden ohne Führungsaufgabe, welche sich hauptsächlich in der untergeordneten Position aufhalten. Die Hauptverantwortungen liegen nicht bei ihnen und dadurch haben sie lediglich eine beschränkte Entscheidungsfreiheit.

Als Mitarbeitender oder Auszubildender haben auch Sie genaue Vorstellungen über das Zusammenleben und Zusammenarbeiten in einer Hierarchie. Zum Beispiel stehen bei Ihnen ein konfliktarmes und erfolgreiches Miteinander sowie ein fröhliches Arbeitsklima im Fokus.

Von Ihren Vorgesetzten erwarten Sie einen respektvollen Umgang und gleichzeitig eine klare Führung. Sie wollen Ihre Meinung einbringen dürfen – sich aktiv an Prozessen beteiligen können. Nicht nur mitarbeiten, sondern auch mitdenken ist Ihr Motto.

Des Weiteren möchten Sie pflichtbewusste Vorgesetzte haben, welche zuhören und ihre Entscheidungen verständlich und nachvollziehbar kommunizieren, sofern das notwendig ist.

Einleuchtend, plausibel und Ihr gutes Recht!

Ebenfalls für Sie gilt: Damit all diese Vorstellungen und Wünsche in der Praxis umgesetzt werden können, hängt vieles von Ihrem eigenen Verhalten ab!

Ein anarchistisches oder devotes Verhalten, wie im Polarisierungsmodell dargestellt, ist für das Erreichen Ihrer Anliegen eine schlechte Grundlage. Dadurch schaffen Sie sich bei Ihren Arbeitskollegen keine Freunde und bei Ihren Vorgesetzten wohl nur wenig Verständnis oder Vertrauen!

Es wäre ein Trugschluss zu meinen, Ihre Arbeitskollegen oder Vorgesetzten seien nun schuld …!

Damit Sie von Ihren Kollegen, aber auch von Ihren Chefs so behandelt werden, wie Sie sich das vorstellen und erhoffen, sollten Sie versuchen, sich konsequent in den angemessenen Feldern der untergeordneten Position aufzuhalten.

Zeigen Sie Initiative – seien Sie kooperativ!

Durch das initiative Verhalten signalisieren Sie Ihren Willen, aktiv und kreativ in Arbeitsgruppen mitarbeiten zu wollen. Sie zeigen, dass Sie sich an Entscheidungsprozessen so gut wie möglich beteiligen möchten. Auf diese Weise beweisen Sie Ihr Interesse und die Lust sogar mehr zu leisten, als von Ihnen verlangt wird. Zusätzlich zeigen Sie die Bereitschaft, Verantwortung zu übernehmen, sofern das erwünscht ist.

Vergessen Sie jedoch, trotz allem Enthusiasmus, das kooperative Feld nicht.

Im Feld der angemessenen Unterordnung demonstrieren Sie nämlich, dass Sie nicht nur kreieren wollen, sondern, dass Sie auch kooperieren und sich integrieren können. Sie bekunden Loyalität und Hilfsbereitschaft gegenüber Ihren Arbeitskollegen, gegenüber den Vorgesetzten und gegenüber dem Unternehmen. Zusätzlich gilt: Wer sich kooperativ und teamorientiert verhalten kann, ist in der Lage, seine Teamfähigkeit zu beweisen und positiv umzusetzen.

Durch das gezielte Balancieren zwischen dem initiativen und kooperativen Feld sind Sie einer jener Mitarbeitenden im Unternehmen, der nicht nur von den Arbeitskollegen geschätzt wird, sondern auch bei den Vorgesetzten Respekt und Anerkennung genießt.

Auf diese Weise unterstützen Sie gekonnt und überlegt eine erfolgreiche und ausgewogene Zusammenarbeit in einer Hierarchie!

6.4 Fazit

Einzig und alleine der Aufenthalt in den angemessenen Feldern führt zu einem störungsfreien und harmonischen Zusammenleben und Zusammenarbeiten in einer Hierarchie oder in einem Netzwerk!

Dies bedeutet für Sie, dass Sie bestrebt sein sollten, sich so oft wir nur möglich, egal ob Sie sich in der untergeordneten respektive in der übergeordneten Position befinden, in den adäquaten Charakterfeldern zu bewegen.

Dies ist eine Frage der Selbstdisziplin und der Selbstkontrolle!

Wie Sie aus den vorherigen Darstellungen herauslesen können, ist jedoch nicht nur der stetige Aufenthalt in den angemessenen Feldern allein entscheidend, sondern noch viel ausschlaggebender ist das wirkungsvolle Balancieren zwischen den jeweiligen Kästchen.

Obwohl Sie sich in den angemessenen Bereichen bewegen, also die adäquaten Verhaltensaspekte verlebendigen, ist noch lange nicht garantiert, dass Sie dadurch keine Störungen verursachen.

Dann nämlich, wenn Sie sich stur nur in dem einen angemessenen Feld bewegen, verunmöglichen Sie eine erfolgreiche Balance der gegenüberstehenden Position, da diese mit ihren Bemühungen nicht zum Erfolg kommen kann. Sie gehen nicht darauf ein.

Dies wiederum kann Disharmonie auslösen!

Durch das erfolgreiche Balancieren probieren Sie bewusst, die gewünschten Verhaltensweisen Ihres Gegenübers zu „provozieren" beziehungsweise zu aktivieren.

Auf diese Weise versuchen Sie ganz gezielt, den vorwiegend Kooperativen zum initiativen Verhalten zu führen. Sie bringen den sich hauptsächlich im initiativen Feld aufhaltende Partner dazu, dass er bereit ist, zu kooperieren.

Oder umgekehrt, durch das angemessene initiative Verhalten versuchen Sie, die übergeordnete Position zu überzeugen, sich Ihnen, Ihren Vorschlägen und Ideen unterzuordnen, indem sie bereit ist, Ihre Anträge fair zu überprüfen und zu hinterfragen.

Wenn Sie sich beispielsweise ausschließlich im kooperativen Feld bewegen, sieht die übergeordnete Position keinen Anlass, sich in eine adäquate Unterordnung zu begeben. Wieso sollte sie auch?

Oder aber in der übergeordneten Position – wenn Sie sich stur im autoritativen Bereich bewegen, dann verpufft doch jegliche Initiative Ihrer mitarbeitenden und mitdenkenden Partner, weil Sie nicht darauf eingehen.

Diese positive „Provokation" der erhofften Verhaltensweisen erreichen Sie nur durch das zielgerichtete Balancieren!

Dies bedeutet für alle Beteiligten in einer Hierarchie oder in einem Netzwerk, dass sie stets bemüht sind, die jeweiligen Situationen kurz zu beurteilen, um das eigene Verhalten situativ anzupassen.

Zu merken und zu spüren, zu welchem Zeitpunkt das übergeordnete Verhalten oder in welchem Moment das untergeordnete Verhalten zielführender ist – eine spezielle Herausforderung!

Es ist nicht ausschließlich eine Frage der Disziplin und der Selbstkontrolle, sondern es ist zusätzlich noch eine Frage der Gefühlsbeherrschung. Denn sämtliche Reaktionen, die komplett durch Emotionen gesteuert sind, müssen nicht, aber können nachteilig für den weiteren Prozessverlauf sein, da sie teilweise unkontrolliert und übertrieben sind!

6.4.1 In der übergeordneten Position

Ü	ü	u
	herrschsüchtig, gefühllos	führungsschwach, mutlos
i	**autoritär**	**autoritätslos**
	tyrannisch, selbstherrlich	überfordert, unzureichend
	respektvoll, führungsstark	teamorientiert, aufrichtig
a	**autoritativ**	**fair**
	entscheidungsfreudig, besonnen	geradlinig, gerecht

Die erfolgreiche Balance in der übergeordneten Position

Egal aufgrund welcher Funktion Sie sich in der übergeordneten Position befinden – ob als Vorgesetzter, ob als Vater oder Mutter oder wegen Ihrer leitenden Aufgabe in einem privaten Netzwerk. Sie sollten in Ihrer übergeordneten Position ganz gezielt darauf achten, dass Sie sich ausschließlich und auch abwechslungsweise in den angemessenen Feldern bewegen – also im autoritativen und fairen Bereich!

Wieso das?

Sie haben wegen oder dank Ihrer Funktion eine gewisse Verantwortung für die Menschen, welche sich in der Familie, im privaten Netzwerk oder im Unternehmen in der untergeordneten Position befinden. Nämlich die Verantwortung, dass sich diese Menschen weiterentwickeln können, dass sie sich einbringen und entfalten können, dass sie sich bis zu einem bestimmten Grad auch verwirklichen sollen, dass sie als aktive Persönlichkeiten in der bestehenden Gemeinschaft mithelfen dürfen, ein möglichst störungsfreies, erfolgreiches und erfrischendes Miteinander zu realisieren – dies gehört zu Ihren Hausaufgaben!

Und nun erwarten Sie von diesen Menschen, dass sie Initiative zeigen, dass sie teamfähig und loyal sind, dass sie mutig und kreativ agieren, dass sie sich aber auch durch Hilfsbereitschaft gegenüber den anderen hervortun. Sie erwarten ein angemessenes Verhalten aller Beteiligten, damit ein erfreuliches und positives Kollektiv nachhaltig gedeihen und wachsen kann.

Das ist auch richtig so!

Dieses erwünschte Auftreten dieser Menschen erreichen Sie jedoch nur, wenn Ihr Verhalten in der übergeordneten Position auch dementsprechend ist!

Geben Sie durch Ihr gesamtes Benehmen und Betragen diesen Menschen auch tatsächlich die Chancen und Möglichkeiten sich so zu verhalten, wie Sie sich das vorstellen?

Sie werden das nur erreichen, wenn Sie sich konsequent wechselweise im autoritativen und fairen Charakterfeld aufhalten – erfolgreich balancieren!

Im autoritativen Feld nehmen Sie Verantwortung wahr, treffen Entscheidungen und definieren Regeln und Normen. Damit fordern Sie eine gewisse Kooperationsfähigkeit Ihrer Partner, sie sollen Teamfähigkeit und Loyalität beweisen.

Im fairen Feld, durch Ihre angemessene Unterordnung, geben Sie ihnen die Möglichkeit, Initiative zu entwickeln, sich mutig und engagiert einzubringen, Kreativität zu leben – indem Sie zuhören, recht geben können und überprüfen.

Im autoritären oder autoritätslosen Feld erreichen Sie überhaupt nichts! Im Gegenteil, Sie verbreiten je nach Situation Angst, Unlust oder Resignation. Zusätzlich schaffen Sie Platz und geben Anlass für anarchistisches oder devotes Verhalten!

Wollen Sie das wirklich? Wohl kaum – denn bei diesem Verhalten wäre es ein Trugschluss zu meinen, die anderen seien schuld!

6.4.2 In der untergeordneten Position

U	ü	u
i	illoyal, besserwisserisch **anarchistisch** destruktiv, aufsässig	heuchlerisch, bequem **devot** arglistig, unehrlich
a	mutig, ehrgeizig **initiativ** kreativ, selbstsicher	teamfähig, loyal **kooperativ** korrekt, hilfsbereit

Die erfolgreiche Balance in der untergeordneten Position

Aufgrund Ihrer Rolle als Kind/Jugendlicher in der Familie, als herkömmliches Mitglied in einem privaten Netzwerk oder als Mitarbeitender ohne Führungsverantwortung im Unternehmen sind Sie in der bestehenden Gemeinschaft in der untergeordneten Position eingegliedert.

Was für die übergeordnete Position gilt, hat auch für die untergeordnete Position seine Gültigkeit – Sie sollten strikt darauf achten, dass Sie sich ausschließlich, jedoch wechselweise, in den angemessenen Feldern bewegen – im initiativen und kooperativen Bereich!

Wieso das?

In der untergeordneten Position in einem Unternehmen, in der Familie oder im privaten Netzwerk tragen Sie ebenfalls eine gewisse Verantwortung. Nämlich die Mitverantwortung für ein möglichst störungsfreies Zusammenleben und Zusammenarbeiten, die Mitverantwortung für eine harmonische Stimmung und die Mitverantwortung für ein erfolgreiches und zielerreichendes Miteinander – dies gehört zu Ihren Hausaufgaben!

Auch Sie haben Erwartungen. Sie erwarten von den verantwortlichen Menschen in der übergeordneten Position, dass sie respektvoll mit Ihnen umgehen, dass sie führungsstark und entscheidungsfreudig sind, dass sie aufrichtig, geradlinig und teamorientiert sind. Sie erwarten, dass sie fair zu Ihnen sind und Sie als Persönlichkeit wahrnehmen und in bestehende Prozesse mit integrieren. Sie erwarten zudem, dass sie alles daran setzen, damit eine angenehme und wohltuende Gemeinschaft florieren kann.

Diese Erwartungen stehen Ihnen zu und sind bestimmt nicht übertrieben!

Doch auch hier gilt – das erwünschte Verhalten dieser Menschen erreichen Sie nur, wenn Ihr Auftreten in der untergeordneten Position auch gezielt darauf hinsteuert!

Geben Sie durch Ihr gesamtes Erscheinungsbild und Ihr Gebaren diesen Menschen tatsächlich die Gelegenheit und Zuversicht, sich Ihnen gegenüber so zu verhalten, wie Sie sich das erhoffen und erwünschen?

Sie werden das nachhaltig nur erreichen, wenn Sie sich standhaft und abwechslungsweise im initiativen und kooperativen Charakterfeld bewegen – also erfolgreich balancieren!

Im initiativen Feld erarbeiten Sie neue Ideen und Vorschläge, Sie versuchen, aktiv und kreativ an Prozessen mitzuarbeiten, Sie gehen mutig und selbstsicher neue Möglichkeiten an und Sie zeigen Ihre Lust am Mitgestalten.

Im kooperativen Feld stellen Sie Ihre Loyalität und Teamfähigkeit unter Beweis. Sie zeigen sich von Ihrer hilfsbereiten Seite und gehen zudem korrekt mit Ihren Kolleginnen und Kollegen um. Sie unterstützen getroffene Entscheidungen, auch wenn diese nicht nach Ihren Vorstellungen ausgefallen sind.

Im anarchistischen oder devoten Feld werden Sie wenig bewegen! Im Gegenteil, in diesen Feldern erzeugen Sie Gegenreaktionen von allen Seiten, welche nur störend, nachteilig und hinderlich sein werden. In erster Linie für Sie, leider jedoch auch für das gewünschte, angenehme Klima des Miteinanders. In diesem Fall tragen Sie die Schuld – es wäre ein Trugschluss zu meinen, die anderen seien es!

> „Die erfolgreiche Balance aktiviert das erwünschte Verhalten der Gegenseite - sowohl in der übergeordneten wie auch in der untergeordneten Position"

7

Beispiele der erfolgreichen Balance

Nachfolgend drei verschiedene Szenarien, die Ihnen aufzeigen sollen, wie eine erfolgreiche Balance im Alltag funktionieren kann, um gemeinsam voranzukommen – in der Familie, im privaten Netzwerk und im Unternehmen.

Die Episoden zeigen zusätzlich auf, welche möglichen Reaktionen ausgelöst werden können, wenn die Betroffenen nicht bereit sind, in den angemessenen Charakterfeldern zu balancieren oder gar in den unangemessenen Bereich wechseln, da sie emotional getrieben sind oder wenig Selbstdisziplin zeigen.

7.1 In der Familie

Die ganz normale Familie Müller.

Der Vater Meinrad (47) ist Buchhalter in einem Fachgeschäft. Die Mutter Barbara (45) ist Mama und Hausfrau. Zusätzlich arbeitet sie stundenweise in einer Bäckerei. Die Kinder Sandra und Robert.

Tochter Sandra (17) studiert und will Lehrerin werden, ihr Hobby ist die Reiterei.

Der Sohn Robert (15) geht noch zur Schule und ist ein Fußballverrückter.

Sie haben ein schönes Familienleben und jeder einzelne kann seinen Interessen nachgehen. Die Eltern sind beide aufgeschlossene und fröhliche Menschen.

7.1.1 Ausgangssituation

Robert ist ein vernünftiger Teenager, der auch in der Schule recht gute Leistungen erreicht. Seine große Liebe ist der Fußball. Tatsächlich spielt er bereits in einer regionalen Auswahl als Stürmer. Er träumt davon, sein Geld später mit Fußballspielen verdienen zu können – als Profi. Doch dies ist noch ein langer Weg und die Konkurrenz ist groß.

Er hat ein aufgeschlossenes Verhältnis zu beiden Elternteilen. Diese unterstützen ihn, wo immer sie können, auch bei seinem großen Hobby, achten aber darauf, dass er mit beiden Füßen auf dem Boden bleibt und wollen, dass er einen Beruf erlernt.

Wie viele fußballverrückte Jugendliche in seinem Alter ist er ein großer Fan vom FC Bayern München. Verschiedene Stars wie Messi, Griezmann, Ronaldo oder Neymar sind natürlich die großen Vorbilder – nicht nur fußballerisch. Nein, auch Haarschnitt, Kleider und Tattoos werden genau beobachtet.

In der Familie hat es vor fünf Monaten eine heftige Diskussion über Tattoos gegeben, weil Sandra sich ein solches stechen lassen wollte. Nach einer langen Aussprache haben die Eltern schließlich eingewilligt, da es sich lediglich um eine kleine, dezente Tätowierung am äußeren rechten Sprunggelenk handelt. In der Zwischenzeit hat Sandra dieses Tattoo realisiert und zeigt es gerne voller Stolz.

7 Beispiele der erfolgreichen Balance

Nachdem ja viele Fußballspieler beinahe überall durch Tattoos „gezeichnet" sind, ist es verständlich, dass deren jugendliche Fans glauben, eine Tätowierung gehöre nun mal zu einem guten Ballkünstler. So auch unser Robert!

Still und heimlich ist er an einem Mittwochnachmittag in ein seriöses Tattoo-Studio gegangen und hat sich beraten lassen. Er will ein Tattoo auf seiner linken Halsseite, so wie es auch einige Stars haben. Die Kosten belaufen sich auf ca. 90 bis 120 €. Diese hat er sich erspart, da er die Idee vom Tattoo schon länger hat.

Die Spezialisten im Studio haben ihm gesagt, dass sie das Tattoo nur stechen werden, wenn er mit einem Elternteil noch einmal zu einem persönlichen Gespräch vorbei komme.

Also kommt er nicht darum herum, mit seinen Eltern eine Diskussion zu führen. Er weiß, dass er gute Argumente haben muss, damit er sie überzeugen kann. Er wartet einen geeigneten Tag ab, an dem, seiner Meinung nach, alles passt.

Ein paar Tage später, es ist ein Freitag, ist es so weit. Beide Elternteile sind bestens gelaunt und zufälligerweise hat Robert diese Woche noch ganz tolle Prüfungsnoten in der Schule geschrieben.

Also – nichts wie los!

Freitagabend

Die ganze Familie ist gemeinsam am Abendessen, außer Sandra, die ist wie jeden Freitagabend im Reitstall unterwegs.

Nach dem Essen hilft Robert noch in der Küche, hat aber während des Essens den Eltern bereits gesagt, dass er nach dem Küchendienst gerne mit ihnen reden möchte.

Als endlich alle bereit sind, machen sie es sich im Wohnzimmer gemütlich.

Vater Meinrad ist vortrefflich aufgelegt und sagt: „Nun also, Robert, wir sind ganz gespannt, was du uns Wichtiges erzählen willst."

Polarisierungsmodell

Eltern

Ü	ü	u
	herrschsüchtig, gefühllos	führungsschwach, mutlos
i	**autoritär**	**autoritätslos**
	tyrannisch, selbstherrlich	überfordert, unzureichend
	respektvoll, führungsstark	teamorientiert, aufrichtig
a	**autoritativ**	**fair**
	entscheidungsfreudig, besonnen	geradlinig, gerecht

Robert

U	ü	u
	illoyal, besserwisserisch	heuchlerisch, bequem
i	**anarchistisch**	**devot**
	destruktiv, aufsässig	arglistig, unehrlich
	mutig, ehrgeizig	teamfähig, loyal
a	**initiativ**	**kooperativ**
	kreativ, selbstsicher	korrekt, hilfsbereit

Familie Müller 1

Die Positionen im Netzwerk der Familie Müller sind, aufgrund des Alters der Kinder, klar verteilt.

Die Eltern befinden sich in der übergeordneten Position und die Kinder in der untergeordneten.

Zu Anfang des Gesprächs haben sich die anwesenden Müllers ideal positioniert.

Robert ist im initiativen Charakterfeld. Er hat die Initiative ergriffen, hat mutig und selbstsicher das Gespräch gesucht, obwohl er weiß, dass es nicht einfach sein wird.

Die Eltern haben sich ins faire Charakterfeld begeben. Sie haben sich der Initiative von Robert untergeordnet und

sich teamorientiert zum Gespräch bereit erklärt, ohne noch lange zu fragen.
Die ideale Ausgangslage für ein harmonisches Miteinander!

7.1.2 Idealer Ablauf

Robert rutscht sich auf seinem Stuhl zurecht und beginnt: „Papa, hat dir Mami von meinen guten Noten diese Woche erzählt? Du siehst, nicht nur beim Fußballspielen gebe ich alles, sondern auch in der Schule gibt es gute Leistungen."

Meinrad erwidert lachend: „Ja, Mami hat es mir erzählt. Deine guten Noten sind kein Zufall, ich bin ja schließlich dein Vater. Aber du hast uns ja bestimmt nicht wegen deiner guten Noten zu diesem Gespräch aufgefordert."

Robert weiter:

Nein, es geht um etwas ganz anderes. Vor einigen Monaten hattet ihr eine intensive Diskussion mit Sandra wegen ihrem Tattoo am Fußgelenk. Damals habt ihr dann nach langem Hin und Her eingewilligt, dass Sandra das Tattoo machen darf. Nun habe auch ich diese Bitte. Ich war letzten Mittwoch in einem Tattoo-Studio und habe mich beraten lassen. Es würde ungefähr 90 Euro kosten. Das ist aber nicht das Problem, ich habe mein Taschengeld nicht immer vollständig aufgebraucht, sondern wöchentlich ein bisschen gespart. Aber weil ich noch keine 18 Jahre alt bin, wollen sie, dass einer von euch beiden mit mir zu einem persönlichen Gespräch im Studio vorbeikommt und danach die Bewilligungsunterschrift erteilt.

Beide Elternteile haben aufmerksam zugehört.
Ganz fürsorglich und ruhig entgegnet Mutter Barbara: „Es ist schön von dir, Robi, dass du uns über deine Pläne informierst. Wie soll denn dein Tattoo so ungefähr aussehen und an welche Stelle deines Körpers soll es denn kommen?"

Etwas verlegen antwortet Robert: „Wie es genau aussehen soll, weiß ich noch nicht im Detail. Aber ich weiß genau, wo ich es haben will – vom linken Schlüsselbein angefangen, über den Hals bis unterhalb des Ohrläppchens!"

Für wenige Sekunden wird es sehr still im Wohnzimmer – die Mutter macht große Augen und der Vater schluckt drei Mal leer …

Kurzanalyse
Das Gespräch hat gut begonnen. Robert hat versucht, mit einem „Türöffner" (die guten Noten) positive Stimmung zu machen und hat danach beherzt seine Situation geschildert – angemessen übergeordnet. Auf der anderen Seite haben die Eltern fair zugehört und ihn auch nicht unterbrochen – angemessen untergeordnet.

Zusätzlich hat Barbara ein Lob ausgesprochen und die Schlüsselfrage gestellt. Wo soll das Tattoo Roberts Körper zieren? Danach Roberts Antwort: am Hals …!

Damit haben die Eltern wohl kaum gerechnet.

Die Eltern haben nun zwei Möglichkeiten, das Gespräch weiterzuführen: Variante 1 – die störungsanfällige Variante oder die Variante 2 – die Erfolg versprechende Variante durch das gezielte Balancieren.

7.1.2.1 Variante 1

Vater Meinrad, der seriöse Buchhalter, fällt beinahe vom Sofa vor Schock!

Mutter Barbara will etwas sagen, da sie das Unheil kommen sieht, aber sie kommt in diesem Gespräch nicht mehr dazu …!

Ohne lange zu zaudern poltert Meinrad mit sehr lauter Stimme drauflos: „Bist du eigentlich von allen guten Geistern verlassen worden? So ein verfluchter Blödsinn!

7 Beispiele der erfolgreichen Balance

Hast du denn tatsächlich so wenig Hirn, dass du dich von so einem idiotischen Kicker-Tattoo blenden lässt? Wie blöd muss man denn sein, seinen eigenen Körper für ein ganzes Leben so zu ruinieren? Du solltest dich schämen, mit so einer Affenidee zu uns zu kommen! Für solchen Mist habe ich kein Gehör und auch kein Verständnis. Für mich ist diese Diskussion beendet!!" Mit hochrotem Kopf steht er auf und verschwindet in der Küche – wahrscheinlich muss er ein Beruhigungsbierchen aus dem Kühlschrank holen …

Vater Meinrad ist in Variante 1 derart außer sich geraten, dass er sofort ins autoritäre Charakterfeld wechselte:

Polarisierungsmodell

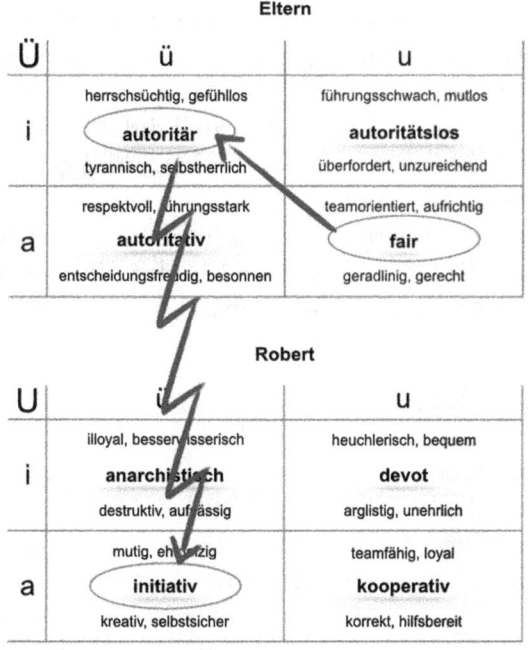

Familie Müller 2

Welche Auswirkungen hat das?

Robert hat sich bis zu der Beantwortung der Frage von Barbara sehr korrekt verhalten. Er hat sich im Vorfeld des Gesprächs in einem Studio beraten lassen, sich also vorbereitet und initiativ das Gespräch gesucht.

Vater Meinrad ist alleine bei der Vorstellung, dass sein Sohn Robi künftig ein Tattoo am Hals hat, schlichtweg „ausgerastet"!

Er hat mit überlauter Stimme seine Meinung gesagt. Dabei hat er aber wenig Fingerspitzengefühl bewiesen. Er hat sich emotional leiten lassen. Seine Gefühle hat er nicht mehr im Griff gehabt, sondern die Gefühle ihn. Dadurch hat er sich im autoritären Charakterfeld positioniert – unangemessene Überordnung!

Hoffen wir, dass es ein einmaliger Ausraster war, ansonsten wird es schwierig für ein zufriedenes Miteinander – das autoritäre Verhalten von Meinrad löst unweigerlich Störungen aus!

Da Barbara das vorliegende Buch („Kommunikation im Alltag") gekauft hat, alle Müllers es gelesen haben und in der Familie viel darüber geredet und diskutiert wurde, haben beide Elternteile den Weg der Variante 2 gewählt – das erfolgreiche Balancieren.

Es ist den Eltern zusätzlich noch die mentale Halt-Reaktion, die „mentale Bremse" in den Sinn gekommen, welche im Abschn. 5.2 „Der schmale Pfad" beschrieben wird.

7.1.2.2 Variante 2

„… vom linken Schlüsselbein angefangen, über den Hals bis unterhalb des Ohrenläppchens!"

Meinrad und Barbara schauen einige Sekunden ihrem Robert tief in die Augen und sagen ein paar Augenblicke gar nichts.

Mit einer ganz ruhig gestellten Frage bricht Vater Meinrad das Schweigen: „Robert, wie bist du auf diese Idee gekommen, ein Tattoo an deinem Hals stechen zu lassen?"

Robert überlegt kurz und erwidert: „Ich habe schon längere Zeit mit diesem Gedanken gespielt, es sieht einfach geil aus und ist cool. Viele Fußballspieler haben solche Tattoos."

Barbara schaut ihren Sohn an und entgegnet: „Ok, cool und geil. Hast du dir auch überlegt, welche Folgen ein Tattoo hat, das du nicht mehr verstecken kannst? Das jeder sieht, ob du willst oder nicht?"

Robert runzelt ein bisschen die Stirn und antwortet: „Natürlich habe ich mir das überlegt. Ich finde es cool, wenn das jeder und alle sehen können. So sind halt die jungen Leute heute. Das könnt ihr nicht mit eurer Zeit vergleichen. Die Welt hat sich auch in dieser Hinsicht geändert, Mami."

Meinrad muss vor sich hinlächeln und gibt zu bedenken: „Da hast du recht, Robi, die Welt ändert sich – aber nicht in allen Bereichen. Ob du dein Geld einmal mit Fußballspielen verdienen wirst, wissen wir drei heute noch nicht. Ich wünsche es dir, aber das hängt von so vielen Faktoren ab. Es könnte ja auch sein, dass du eines Tages einer ganz normalen Arbeit nachgehen wirst. Hast du dir gut überlegt, welche Konsequenzen ein Halstattoo für dein weiteres Leben, abseits vom Fußballfeld, haben könnte?"

So wird noch eine ganze Weile hin und her diskutiert.

Kurzanalyse

Dadurch, dass sich Barbara und Meinrad weiterhin im fairen Charakterfeld aufhalten, kann eine ruhige und gesittete Diskussion stattfinden. Mit der ersten Frage hat sich Meinrad geschickt einige Sekunden Zeit verschafft, um durchatmen zu können und allfälligen emotionalen Reaktionen gekonnt entgegen zu wirken!

Beide Elternteile nehmen das Anliegen von Robert ernst. Sie machen ihm keine Vorwürfe, sondern versuchen einerseits ihn zu verstehen, wollen ihn aber andererseits zum Nachdenken animieren.

Das machen sie klug, indem sie abwechselnd Fragen stellen und aktiv zuhören.

Als nächstes
Im weiteren Verlauf des Gesprächs, nachdem alle Argumente ausgetauscht worden sind, sollten die Eltern nun ihre Positionierung von der angemessenen Unterordnung – vom fairen Charakterfeld, in das autoritative Charakterfeld – in die angemessene Überordnung verlagern.

Wieso?

Weil es eine Entscheidung braucht! Sie müssen und sollen ihrem Sohn mitteilen, ob sie die Unterschrift geben oder nicht. Das tun sie auch!

Der weitere Gesprächsverlauf
Nach etwa einer Stunde, nachdem alle Ansichten und Meinungen auf den Tisch gelegt worden sind und darüber diskutiert wurde, schauen sich Meinrad und Barbara an. Robert spürt auch langsam, dass es eng werden könnte.

Der Vater sagt ganz ruhig, besonnen und respektvoll:

> Robert, wir sind stolz auf dich. Es spricht für deinen Charakter, dass wir dieses heikle Thema nun beinahe eine Stunde lang sehr anständig und ohne emotionale Ausbrüche bereden konnten – bravo! Wir machen dir einen Vorschlag. Es ist nicht unsere Absicht, für immer NEIN zu sagen, aber es ist sinnvoll, wenn beide Seiten, also du und wir, sich Zeit nehmen, bevor wir endgültig entscheiden. Du bist vor drei Wochen 15 Jahre alt geworden. Wir warten jetzt genau ein Jahr ab. In einem Jahr sind wir alle ein Jahr reifer, ein Jahr gescheiter und ein Jahr vernünftiger – du und wir!
>
> Falls du in einem Jahr immer noch von deiner Idee besessen bist, so ergreife erneut die Initiative und suche das Gespräch mit uns. Es kann aber auch sein, dass in einem Jahr die Welt wieder ganz anders aussieht. Nochmals danke für das schöne und vernünftige Gespräch.

7 Beispiele der erfolgreichen Balance

Der Vater steht auf, gibt seinem Sohn einen freundschaftlichen Klaps auf die Schulter und zeigt Verständnis für die Enttäuschung von Robert.

Robert sagt zum Schluss: „Danke auch, dass ihr mir so lange zugehört habt. Ich bin schon sehr enttäuscht. Ich komme in einem Jahr wieder mit dem Thema, dann werde ich Argumente haben, gegen die ihr nichts mehr sagen könnt, das verspreche ich euch."

Mit einer kleinen Enttäuschungsträne im Auge geht er in sein Zimmer und hört seine Musik ....

Polarisierungsmodell

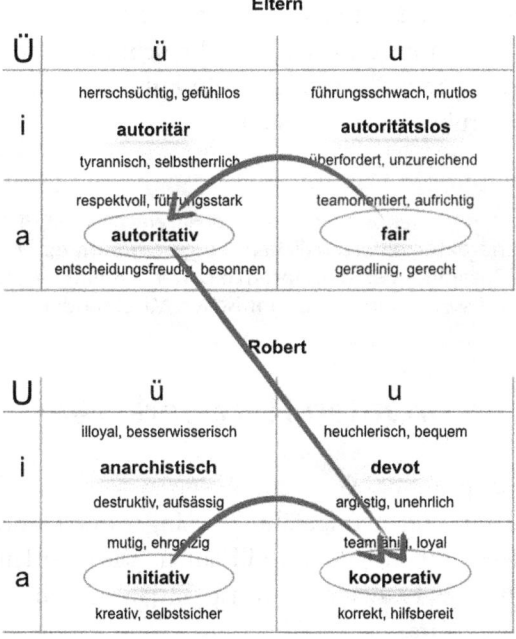

Familie Müller 3

Der Moment ist gekommen, an dem die beiden Elternteile, Barbara und Meinrad, eine Entscheidung treffen wollen.

Beide haben in das autoritative Feld gewechselt und ihrem Sohn Robert mitgeteilt, dass sie im Moment nicht gewillt sind, die Unterschrift zur Bewilligung des Halstattoos zu geben.

Sie haben das mit viel Respekt und Fingerspitzengefühl gemacht und sich dadurch äußerst angemessen übergeordnet verhalten.

Robert hat mutig und tapfer für sein Anliegen gekämpft, ohne aggressiv zu werden. Obwohl er geahnt hat, dass es schwierig wird die Eltern zu überzeugen, war er natürlich über das NEIN enttäuscht! Er hat jedoch gemerkt, dass es wenig sinnvoll ist, weiter zu fighten oder gar anarchistisch zu reagieren.

Richtigerweise hat er seinerseits ins kooperative Charakterfeld gewechselt und sich dem Entschluss der Eltern untergeordnet. Seine Musik und sein Fußball werden ihn bestimmt darüber hinwegtrösten…

> Dank diesem gekonnten Hin- und Herwechseln in die richtigen Charakterfelder erreichen Sie gemeinsam ein wunderbares Zusammenleben in Ihrem eigenen Familiennetzwerk – der Schlüssel zu einem harmonischen Miteinander

7.2 Im privaten Netzwerk

Der Gesangs-Chor „Crescendo".

Im Chor singen ungefähr 70 Sängerinnen und Sänger mit. Die Mehrheit davon sind Frauen. Die Chorleitung hat ebenfalls eine Frau inne. Sie ist 52-jährig, sehr ehrgeizig und heißt Elvira.

Elvira ist eine ausgezeichnete Sängerin und Dirigentin – eine Vollblutmusikerin. Sie ist eine sehr strikte Leiterin und in ihrem Verhalten teilweise an der Grenze zum autoritären Charakterfeld. Sie ist gegenüber den Sängerinnen und Sängern sehr fordernd.

Im Vorstand des Chors sitzt ebenfalls die Musik-Kommission, deren Sprecherin die 54-jährige Regina ist.

Der Jahresbeitrag für die Mitglieder beläuft sich auf 250 € – ein stolzer Betrag!

Einmal pro Jahr, in der Adventszeit, gibt der Chor zusammen mit einem Orchester mehrere, in der Region sehr beliebte Konzerte in verschiedenen Kirchen. Für diese Auftritte beginnen sie bereits zehn Monate zuvor mit den Proben, da der Chor äußerst anspruchsvolle Werke aufführt.

7.2.1 Ausgangssituation

In diesem Jahr hat der Chor bereits Ende Januar mit den Proben begonnen. Auf dem Programm steht die h-Moll-Messe von Johann Sebastian Bach, eine der bedeutendsten geistlichen Kompositionen. Für die Sängerinnen und Sänger eine anspruchsvolle Herausforderung.

Diese Komposition wurde nicht alleine von Elvira auserlesen. Das hat sie zusammen mit der Musik-Kommission gemacht.

Jede Woche wird am Mittwochabend ca. zweieinhalb Stunden geprobt.

Bereits nach den ersten Wochen gab es einige Sängerinnen, die sich eher negativ zu der auserwählten Komposition äußerten. Sie sei viel zu schwierig und für den Chor zu hochgestochen. So bereite es keine Freude mehr. Schlussendlich seien sie ja keine Berufssänger, sondern Laienmusiker. Es gebe ja auch noch andere Werke, die nicht derart mühevoll zu singen sind und ebenfalls eine fantastische Wirkung erzeugen. So und ähnlich wurde geredet.

Diese Diskussionen fanden natürlich nach den Proben im Restaurant statt, selbstverständlich nicht in Gegenwart der Dirigentin oder Mitgliedern der Musik-Kommission. Die Drahtzieher dieser Gespräche waren die drei Mitglieder Maria, Sigrid und Klaus. Alle drei sind sehr gute Sänger und schon viele Jahre treue Mitglieder vom „Crescendo-Chor".

Ungefähr in der sechsten Probe
Elvira ist nicht sehr gut gelaunt und die erste Stunde hat der Chor auch nicht so gearbeitet, wie sie sich das wünscht und vorstellt. Die Sängerinnen und Sänger sind teilweise unkonzentriert und zum Teil auch überfordert mit einigen Passagen. Dies führt dazu, dass viel wiederholt werden muss – und das eine oder andere Wort der Dirigentin wird nicht gerade wohlwollend von den ungefähr fünfzig anwesenden Sängerinnen und Sängern aufgenommen!

Es herrscht eine schlechte Stimmung ...

In der Pause unterhalten sich Maria, Sigrid und Klaus etwas abseits der anderen intensiv. Das Thema ist einmal mehr das schwierige Werk von Bach. Sie sind sich einig, dass es auf diese Weise keinen Spaß und keine Freude mehr bereitet.

In den vergangenen Wochen hat es immer mehr Mitglieder gegeben, die sich ähnlich dazu äußerten. Das eine oder andere Mitglied ist auch nicht mehr in jeder Probe erschienen.

Nach der Pause will Elvira unverzüglich weiter üben.

Doch noch bevor sie den begonnenen Satz zu Ende sprechen kann, meldet sich Sigrid sehr selbstsicher zu Wort: „Bitte entschuldige Elvira, aber bevor wir weiter proben, will ich etwas sagen."

7 Beispiele der erfolgreichen Balance

Elvira entgegnet ein bisschen genervt: „Um was geht es, wir haben nicht viel Zeit, ansonsten kommen wir nie zum Ziel!"

Polarisierungsmodell

Chorleitung

	Ü	ü	u
i		herrschsüchtig, gefühllos **autoritär** tyrannisch, selbstherrlich	führungsschwach, mutlos **autoritätslos** überfordert, unzureichend
a		respektvoll, führungsstark **autoritativ** entscheidungsfreudig, besonnen	teamorientiert, aufrichtig **fair** geradlinig, gerecht

Sänger/-innen

	U	ü	u
i		illoyal, besserwisserisch **anarchistisch** destruktiv, aufsässig	heuchlerisch, bequem **devot** arglistig, unehrlich
a		mutig, ehrgeizig **initiativ** kreativ, selbstsicher	teamfähig, loyal **kooperativ** korrekt, hilfsbereit

Crescendo 1

In dieser Interessengemeinschaft befinden sich die Vorstands- und Musik-Kommissionsmitglieder sowie die Chorleiterin, aufgrund der Verantwortung, welche sie übernommen haben, in der übergeordneten Position. Die restlichen Sängerinnen und Sänger sind in der untergeordneten Position „eingebettet".

Maria, Sigrid und Klaus haben nun das kooperative Feld verlassen und sich ins initiative Feld begeben.

7.2.2 Idealer Ablauf

Weiterer Gesprächsverlauf
Sigrid, ebenfalls leicht gereizt:

> Wir sollten uns aber die notwendige Zeit nehmen. Es gibt einige Mitglieder, vorab Maria, Klaus und ich, die der Meinung sind, dass die ausgewählte h-Moll-Messe von Bach eine Nummer zu groß ist für uns. Das zeigt ja auch die heutige Probe. Einigen macht es bereits jetzt keine Freude mehr, andere stoßen an ihre sängerischen Grenzen und es gibt sogar solche, die nicht mehr regelmäßig die Proben besuchen. Es existieren ja noch weitere geistliche Werke, beispielsweise von Brahms oder Händl, die einfacher in der Umsetzung sind. Wir sind der Ansicht, dass noch genügend Zeit vorhanden ist, um ein neues Werk einzustudieren.

Kurzanalyse
Maria, Sigrid und Klaus haben sich durch ihr selbstsicheres und mutiges Verhalten im initiativen Feld gegen das ausgewählte Werk gestellt. Es ist möglicherweise nicht der ideale Moment, da einige Anwesenden nicht ihren besten Tag erwischt haben und die Dirigentin ebenfalls ein bisschen gereizt ist. Doch es ist nicht immer möglich, den bestgeeignetsten Zeitpunkt zu finden. Wichtig ist, dass alle Beteiligten ihre Nerven und Emotionen im Griff behalten.

Die Dirigentin hat verschiedene Möglichkeiten zu reagieren. Variante 1 – die störungsanfällige Variante. Oder die Variante 2 – die Erfolg versprechende Variante, indem sie geschickt zwischen den angemessenen Feldern balanciert.

7.2.2.1 Variante 1

Die Chorleiterin Elvira zeigt sich wenig erfreut über die Äußerungen von Sigrid.
Ziemlich unfreundlich, mit erhobener Stimme und harsch antwortet sie:

> Ich bin überhaupt nicht der Meinung, dass dieses Werk eine Nummer zu groß ist für uns. Ich habe den notwendigen Ehrgeiz, diese angefangene Aufgabe nun auch zu Ende zu bringen. Aber das ist typisch für unsere Gesellschaft: Sobald mal etwas nicht nach Wunsch läuft oder eine Aufgabe nicht so einfach zu bewältigen ist, schmeißen sie schon die Flinte ins Korn. Lieber geht man den Weg des geringsten Widerstands und sucht die einfachste Lösung. Nicht mit mir! Ich bin sehr enttäuscht von der Einstellung einiger Anwesenden. Ich habe diese Chorleitung nicht übernommen, um über solche Entscheidungen zu diskutieren, sondern um die Vorgaben der Musik-Kommission zu realisieren und erfolgreich umzusetzen. Und nun wird weiter geprobt. Wem's nicht passt, der kann ja gehen!

Um die Stimmung nicht noch stärker „aufzuheizen", gibt es keine Wortmeldungen mehr und die Probe wird widerwillig fortgeführt – allerdings von allen Seiten ohne Lust und Freude.

J. Isenschmid

Polarisierungsmodell

Chorleitung

	Ü	ü	u
i		herrschsüchtig, gefühllos **autoritär** tyrannisch, selbstherrlich	führungsschwach, mutlos **autoritätslos** überfordert, unzureichend
a		respektvoll, führungsstark **autoritativ** entscheidungsfreudig, besonnen	teamorientiert, aufrichtig **fair** geradlinig, gerecht

Sänger/-innen

	U	ü	u
i		illoyal, besserwisserisch **anarchistisch** destruktiv, nachlässig	heuchlerisch, bequem **devot** arglistig, unehrlich
a		mutig, ehrgeizig **initiativ** kreativ, selbstsicher	teamfähig, loyal **kooperativ** korrekt, hilfsbereit

Crescendo 2

Die drei Mitglieder Maria, Klaus und die Sprecherin Sigrid haben sich mit ihrer Darstellung in die angemessene Überordnung begeben. Die Sprecherin hat ihr Anliegen bestimmt, jedoch höflich vorgetragen. Der große Teil der restlichen Sänger befindet sich im kooperativen Charakterfeld.

Elvira kann oder will sich nicht ins faire Charakterfeld begeben, um sich dadurch vorübergehend einigen Mitgliedern unterzuordnen. Im Gegenteil, was sie gesagt und wie sie es gesagt hat, sind eindeutige Signale, welche einer unangemessenen Überordnung, also dem autoritären Charakterfeld zuzuordnen sind!

Sie war laut, beleidigend und hatte wenig Gefühl für die Sorgen einiger Mitglieder.

Damit löst sie sofort Störungen gegenüber den initiativen, aber auch gegenüber den kooperativen Anwesenden aus. Diese gezeigte Reaktion von Elvira kann schnell zu einem Vertrauensverlust gegenüber der Chorleiterin führen.

Dazu kommt noch, dass die Sängerinnen und Sänger freiwillig anwesend sind. Sie sind sogar bereit, 250 € pro Jahr zu bezahlen, um ihrem Hobby, dem Singen, nachkommen zu dürfen.

In der vorgegebenen Situation benötigt Elvira definitiv mehr Fingerspitzengefühl. Mit dieser Vorgehensweise trägt sie nichts zu einem erfolgreichen Miteinander bei und die Gefahr, dass sich einige Mitglieder vom Chor abwenden, ist nicht zu unterschätzen!

Aber glücklicherweise ist Elvira nicht nur eine begeisternde Sängerin und Dirigentin – nein, sie hat zusätzlich noch tolle Kenntnisse bezüglich der erfolgreichen Balance in einer übergeordneten Position. Deshalb hat sie sich für die Variante 2 entschieden.

7.2.2.2 Variante 2

Obwohl Elvira nicht ihren besten Tag erwischt hat, reagiert sie ohne zu zögern sehr fair auf die Darstellungen von Sigrid:

> Es ist euer gutes Recht, gewisse Zweifel zu äußern. Ich habe das Buch ‚Führen – In der Einfachheit liegt die Stärke' vor kurzem gelesen. In diesem Buch wird der Kreis der Gewohnheit beschrieben und darauf hingewiesen, dass man bereit sein sollte, diesen Kreis zwischendurch zu verlassen. Ich schlage vor, wir machen das jetzt! Wir beenden unsere Probe und nutzen die restliche Zeit, um euer Anliegen zu bereden und neue Wege zu suchen, damit ihr wieder Freude und Spaß am Üben habt.

Regina, die Sprecherin der Musik-Kommission, meldet sich ebenfalls zu Wort: „Ich bin auch der Meinung, dass wir diese Sache mit allen besprechen sollten. Die Musik-Kommission trägt bekanntlich die Verantwortung für das ausgewählte Werk und muss, bei einem entsprechenden Diskussionsergebnis, sofort aktiv werden, damit wir nicht unnötig Zeit verlieren."

Sigrid bedankt sich im Namen aller Anwesenden für diesen Vorschlag. Man merkt eine gewisse Erleichterung unter den Chormitgliedern und sofort hat sich auch die allgemeine Stimmung beruhigt und merklich verbessert.

Elvira, überraschend entgegenkommend, signalisiert ein gewisses Verständnis für die Situation: „Es ist mir nicht entgangen, dass einige von euch Schwierigkeiten in gewissen Passagen bekunden. Ich brauche euch alle, damit wir in neun Monaten einen grandiosen Auftritt haben werden. Deshalb ist es auch wichtig, dass möglichst alle hinter unserem Projekt stehen können. Was sagen denn die anderen dazu? Gibt es noch mehr Stimmen, die glauben, das vorliegende Werk sei zu schwierig für uns?"

Tatsächlich melden sich noch einige weitere Sängerinnen und Sänger, welche ebenfalls an der Richtigkeit der Auswahl zweifeln.

Nach intensiver, aber ruhiger Diskussion erhält Regina den einstimmigen Auftrag, sich noch diese Woche mit der Chorleiterin und den restlichen Mitgliedern der Musik-Kommission zusammenzusetzen, um eine bessere Lösung zu finden.

Die Kommission hat ihre Hausaufgaben gelöst und in der nachfolgenden Woche ein geistliches Werk von Johannes Brahms präsentiert, welches ebenfalls nicht einfach, jedoch wesentlich leichter „verdaubar" ist.

Die restlichen neun Monate sollten reichen, um beste Voraussetzungen für begeisternde Konzerte zu schaffen!

7 Beispiele der erfolgreichen Balance

Polarisierungsmodell

Chorleitung

	Ü	ü	u
i		herrschsüchtig, gefühllos **autoritär** tyrannisch, selbstherrlich	führungsschwach, mutlos **autoritätslos** überfordert, unzureichend
a		respektvoll, führungsstark **autoritativ** entscheidungsfreudig, besonnen	teamorientiert, aufrichtig **fair** geradlinig, gerecht

Sänger/-innen

	U	ü	u
i		illoyal, besserwisserisch **anarchistisch** destruktiv, aufsässig	heuchlerisch, bequem **devot** arglistig, unehrlich
a		mutig, ehrgeizig **initiativ** kreativ, selbstsicher	teamfähig, loyal **kooperativ** korrekt, hilfsbereit

Crescendo 3

Was ist passiert?

Die Chorleiterin und Regina haben gemerkt, dass es sich um ein gewichtiges Anliegen ihrer Chormitglieder handelt und sich sofort in die angemessene Unterordnung begeben, indem beide Verständnis und Diskussionsbereitschaft signalisiert haben.

Zusätzlich war Elvira bereit, den Kreis der Gewohnheit zu verlassen, hat die Probe abgebrochen und die verbleibende Zeit für das notwendige Gespräch zur Verfügung gestellt.

Allfällige Emotionen und der vorhandene Ehrgeiz von Elvira wurden ausgeblendet. Dadurch waren beide, Regina und Elvira, in der Lage, eine geordnete Diskussion mit den anwesenden Mitgliedern zu führen.

Im weiteren Verlauf des Gesprächs haben sich alle Teilnehmer bemüht, sich ihrer Position entsprechend in den angemessenen Charakterfeldern zu bewegen. Mittels erfolgreichem Balancieren ist es gelungen, einen neuen Weg für eine gemeinsame Sache zu definieren!

> Dank dieses gegenseitigen „Wechselspiels des Aufenthaltes" in den richtigen Charakterfeldern ist das Zusammenleben und Zusammenarbeiten in einem privaten Netzwerk ein faszinierendes Erlebnis.

7.3 Im Unternehmen

Ein deutsches, mittelständisches Produktionsunternehmen mit 150 Mitarbeitenden.

Das Unternehmen hat eine relativ flache Hierarchie. Der Geschäftsführer, fünf Abteilungsleiter und fünfzehn Teamleiter.

Die Firma ist im Markt gut positioniert.

Der Geschäftsführer ist gleichzeitig für den Verkauf zuständig und deshalb viel unterwegs. Im Unternehmen duzen sich alle – das ist die Kultur des Hauses.

7.3.1 Ausgangssituation

Der Geschäftsführer (Edgar) und der Abteilungsleiter Produktion (Peter) haben eine ordentliche zwischenmenschliche Beziehung. Sie verbringen nicht zusammen ihren Urlaub, aber geschäftlich funktioniert die Zusammenarbeit tadellos.

Seit geraumer Zeit haben die beiden ein fachlich-sachliches Problem. In der Produktion ist ein spezieller Fertigungsablauf nicht optimal gesteuert. Das ist kein absolut dringendes Thema, gleichwohl wäre eine baldige Lösung von Vorteil, da dadurch Optimierungen geschaffen werden könnten.

Obwohl Edgar und Peter schon etliche Male intensiv darüber diskutiert und sich beide schon viele Gedanken gemacht haben, finden sie einfach keine perfekte Lösung.

Dienstagnachmittag, 17.30 Uhr
Peter beendet seinen Arbeitstag. Pflichtbewusst kontrolliert er ein letztes Mal sein E-Mail Postfach und findet eine E-Mail von Edgar mit dem Betreff „Optimale Steuerung des Fertigungsablaufs".

Peter überfliegt kurz die E-Mail.

Edgar hat freundlich, aber bestimmt geschrieben, dass er eine Lösung für das Problem gefunden habe und hat sehr detailliert umschrieben, wie die Angelegenheit geregelt werden soll.

Im Schlusssatz bittet er Peter darum, das Notwendige in die Wege zu leiten und falls Peter noch Fragen habe, so sei er, Edgar, ab Mittwoch bis Donnerstagmittag wieder im Büro.

Peter hat an diesem Tag keine Lust, noch länger im Büro zu bleiben. Er druckt die E-Mail aus und verlässt sein Büro. Da er an diesem Abend alleine zu Hause ist, hat er genügend Zeit, die E-Mail im Detail daheim zu studieren.

Polarisierungsmodell

Edgar

Ü	ü	u
i	herrschsüchtig, gefühllos **autoritär** tyrannisch, selbstherrlich	führungsschwach, mutlos **autoritätslos** überfordert, unzureichend
a	respektvoll, führungsstark **(autoritativ)** entscheidungsfreudig, besonnen	teamorientiert, aufrichtig **fair** geradlinig, gerecht

Peter

U	ü	u
i	illoyal, besserwisserisch **anarchistisch** destruktiv, aufsässig	heuchlerisch, bequem **devot** arglistig, unehrlich
a	mutig, ehrgeizig **initiativ** kreativ, selbstsicher	teamfähig, loyal **kooperativ** korrekt, hilfsbereit

Produktionsunternehmen 1

Im Zusammenarbeiten in der Hierarchie und in der gegebenen Situation ist Edgar als Geschäftsführer in der übergeordneten Position, der Abteilungsleiter Peter in der untergeordneten.

Mit dieser freundlichen E-Mail, in der Edgar seine klaren Anweisungen für die Problemlösung kommuniziert hat, hat sich Edgar im autoritativen Charakterfeld (angemessene Überordnung) positioniert. Er ist als Vorgesetzter von Peter respektvoll, besonnen und entscheidungsfreudig aufgetreten.

7.3.2 Idealer Ablauf

Dienstagabend
Nach dem gemeinsamen Abendessen verabschiedet sich Peter von seiner Partnerin Claudia, die mit einigen Freundinnen ins Kino geht.

Es ist ein lauer Spätsommerabend.

Peter nimmt sich ein Glas Rotwein und macht es sich auf seiner Terrasse gemütlich. Nach ein, zwei Schlückchen Wein nimmt er die ausgedruckte E-Mail von Edgar und studiert diese intensiv. Zwischendurch schmunzelt er, zieht die Augenbrauen hoch oder legt seine Stirn in Falten.

Er macht keinen komplett begeisterten Eindruck.

Nachdem er alles gelesen und analysiert hat, gehen folgende Gedanken durch seinen Kopf:

„Mein lieber Edgar, so wie du das hier beschrieben hast und so wie du dir das vorstellst, geht das leider nicht. Man merkt, dass du viel in der Welt unterwegs bist und dadurch die absolute Nähe zur Produktion ein bisschen verloren hast. Der eine oder andere Gedanke ist bestimmt richtig, aber als Gesamtlösung können wir das so nicht realisieren!"

Als absoluter Kenner und Abteilungsleiter der Produktion ist Peter mit den Anweisungen seines Vorgesetzten nicht einverstanden, da er überzeugt ist, dass Edgars Vorstellungen nicht ihren aktuellen Bedürfnissen entsprechen und somit auch nicht zielführend sind.

Der eine oder andere Gedanke von Edgar gefällt ihm jedoch sehr und bringt ihn zum Nachdenken.

Plötzlich holt er seinen Laptop und einen Schreibblock. Voller Eifer beginnt er zu zeichnen, zu rechnen und zu schreiben. Dazwischen nimmt er immer wieder mal einen kräftigen Schluck Rotwein. Bis weit in die Nacht hinein ist er derart in seinen Gedanken und Ausarbeitungen versunken, dass er noch nicht mal seine Partnerin nach Hause kommen hört.

Erst als sie kurz vor Mitternacht zu ihm auf die Terrasse kommt, bemerkt er Claudia. Sie gibt ihm einen Kuss und fragt lachend: „Hast du bis jetzt gearbeitet oder nur Wein getrunken?"

Die Weinflasche ist halb leer …

Voller Stolz erwidert Peter:

Ich habe beides gemacht. Lacht dabei und erklärt: Ich habe dir doch schon einige Male von unserem Problem mit der Steuerung eines Fertigungsablaufs erzählt. Heute habe ich von Edgar eine E-Mail erhalten, in der er mich angewiesen hat, wie wir die Angelegenheit lösen sollen. Ich habe das nun studiert und bin zum Schluss gekommen, dass die Ideen von Edgar nicht realisierbar sind, da sie uns nicht zum Ziel führen. Er hat aber einige sehr gute Gedanken in seinen Überlegungen, die mich derart inspiriert haben, dass ich glaube, nun die richtige Lösung gefunden zu haben. Morgen ist Edgar wieder im Büro und ich freue mich, ihm meine Lösung aufzeigen zu dürfen.

Sie plaudern noch ein Weilchen. Sie erzählt vom spannenden Film und danach gehen sie todmüde, aber zufrieden schlafen.

7 Beispiele der erfolgreichen Balance

Polarisierungsmodell

Edgar

	Ü	ü	u
i		herrschsüchtig, gefühllos **autoritär** tyrannisch, selbstherrlich	führungsschwach, mutlos **autoritätslos** überfordert, unzureichend
a		respektvoll, führungsstark **autoritativ** entscheidungsfreudig, besonnen	teamorientiert, aufrichtig **fair** geradlinig, gerecht

Peter

	U	ü	u
i		illoyal, besserwisserisch **anarchistisch** destruktiv, aufsässig	heuchlerisch, bequem **devot** arglistig, unehrlich
a		mutig, ehrgeizig **initiativ** kreativ, selbstsicher	teamfähig, loyal **kooperativ** korrekt, hilfsbereit

Produktionsunternehmen 2

Wo hat sich nun Peter in seiner untergeordneten Position positioniert?

Er hat die E-Mail, die Anweisungen seines Vorgesetzten Edgar, genau studiert und ist zum Ergebnis gekommen, dass Edgars Idee keine optimale Lösung des Problems ist. Peter hätte es sich einfach machen können, nämlich damit, weiterhin im kooperativen Charakterfeld (angemessene Unterordnung) zu bleiben und die Anweisungen von Edgar genauso umzusetzen.

Das hat er aber als pflichtbewusster und ehrgeiziger Abteilungsleiter nicht getan!

Nein – er hat sich hingesetzt, ist kreativ geworden und hat mutig und selbstsicher eine andere Lösung erarbeitet und sich damit mental seinem Vorgesetzten übergeordnet!

Dadurch hat er sich im initiativen Charakterfeld (angemessene Überordnung) positioniert.

Mittwochmorgen

Schon früh stehen Claudia und Peter auf, essen zusammen ein kleines Frühstück. Danach verabschiedet sich Peter von Claudia und macht sich auf den Weg ins Büro.

Auf der ganzen Fahrt ins Büro sind seine Gedanken beim erarbeiteten Gegenvorschlag für die Steuerung des Fertigungsablaufs. Nochmals geht er für sich die verschiedenen Argumente durch und spricht diese sogar leise vor sich hin.

Im Büro angekommen trifft er bereits auf dem Parkplatz auf Edgar. Sie begrüßen sich freundlich mit Handschlag.

Edgar: „Guten Morgen Peter, wie geht es dir? Alles klar bei Claudia?"

Peter erwidert gut gelaunt: „Guten Tag Edgar. Danke der Nachfrage. Claudia und mir geht es bestens. Wie ist es dir im Ausland ergangen?"

Edgar verstaut seinen Autoschlüssel in der Mappe und antwortet: „Es ist perfekt gelaufen, wir kommen vorwärts. Es sieht wirklich gut aus, sofern sich die Herren in der Schweiz tatsächlich mit dem besprochenen Volumen eindecken wollen. Gut für uns! Übrigens, hast du meine E-Mail gestern noch gesehen?"

Peter räuspert sich und meint: „Ich gratuliere dir, das tönt ja vielversprechend mit den Schweizern. Normalerweise sind die Eidgenossen zuverlässige Burschen. Ja, die E-Mail habe ich bereits gelesen. Ich würde das gerne mit dir besprechen. Wann hast du heute Zeit?"

Edgar schaut in seinen Tagesplaner im Handy und antwortet: „Bist du um 10 Uhr heute Morgen frei?" Peter bejaht und verabschiedet sich mit den Worten: „Danke und dann also bis später."

Punkt 10 Uhr erscheint Peter im Büro von Edgar, welches sich auf demselben Stockwerk befindet wie sein eigenes.

Edgar bittet ihn, Platz zu nehmen und nach einer kurzen Einführung übernimmt Peter das Wort: „Edgar, vorerst besten Dank für deine E-Mail. Ich habe gestern Abend deine Anweisung genau studiert! Bitte sei mir nicht böse und nimm es auf keinen Fall persönlich. Ich bin der Meinung, dass wir die Lösung in dieser Form, wie du es dargestellt hast, nicht durchführen sollten. Sie baut auf einige Punkte auf, die für uns nicht zutreffend sind."

Danach argumentiert Peter sehr fachkundig und detailliert und bietet Edgar an, die erarbeiteten Unterlagen ihm zu überlassen, damit er die Angelegenheit nochmals prüfen könne.

Kurzanalyse
Peter hat sich in diesem Gespräch durch seine korrekte, höfliche Art seinem Vorgesetzten angemessen übergeordnet, indem er ihm klar und fundiert mitteilte, dass er der Meinung sei, die Lösung von Edgar sei in der Form nicht durchführbar. Peter hat sich im initiativen Charakterfeld nicht nur mental, sondern jetzt auch verbal positioniert. Sein gutes Recht!

Edgar hat nun grundsätzlich zwei Möglichkeiten zu reagieren: Variante 1 ist die störungserzeugende Variante. Variante 2 ist die Erfolg versprechende Variante, dank des bewussten Balancierens.

7.3.2.1 Variante 1

Nachdem Peter Edgar mitgeteilt hat, dass er die Ansicht vertrete, seine Lösung sei nicht zielführend, und bereits begonnen hat, zu argumentieren, unterbricht ihn Edgar entschuldigend mit folgenden Worten: „Lieber Peter, danke für deine Bemühungen. Ich vertrete allerdings die Ansicht, dass meine Anweisung in genau dieser Form die perfekte Lösung für unser Problem ist. Deshalb bitte ich dich, das Notwendige in die Wege zu leiten, damit es vorwärts geht. Ich wünsche dir noch einen schönen Tag und freue mich auf dein baldiges Feedback."

Peter verabschiedet sich und verlässt das Büro seines Vorgesetzten.

Edgar ist in Variante 1 in seinem Verhalten stur auf dem autoritativen Charakterfeld „sitzen" geblieben.

Polarisierungsmodell

Edgar

Ü	ü	u
i	herrschsüchtig, gefühllos **autoritär** tyrannisch, selbstherrlich	führungsschwach, mutlos **autoritätslos** überfordert, unzureichend
a	respektvoll, führungsstark **autoritativ** entscheidungsfreudig, besonnen	teamorientiert, aufrichtig **fair** geradlinig, gerecht

Peter

U	ü	u
i	illoyal, besserwisserisch **anarchistisch** destruktiv, auflässig	heuchlerisch, bequem **devot** arglistig, unehrlich
a	mutig, ehrgeizig **initiativ** kreativ, selbstsicher	teamfähig, loyal **kooperativ** korrekt, hilfsbereit

Produktionsunternehmen 3

Welche Folge hat das?

Peter hat sich Mühe gegeben. Er hat sich in das initiative Charakterfeld begeben und in seiner Freizeit einen Gegenvorschlag erarbeitet, den er auch fundiert vortragen wollte.

Durch das sture „Sitzenbleiben" von Edgar in der knapp noch angemessenen, aber nahe der unangemessenen Überordnung, hat die Initiative von Peter keine Chance erhalten.

Wenn Edgar sich häufig so verhält, sind Störungen vorprogrammiert!

Mit großer Wahrscheinlichkeit ist Peter ziemlich frustriert in sein Büro zurückgekehrt und hat einige Wörter leise vor sich hin gesagt, die ich hier besser nicht schreibe ...

Eines ist jedoch sicher: Sollte Edgar dieses Verhalten öfter zeigen, so wird sich Peter überlegen, ob er noch manchen Abend auf seiner Terrasse, in seiner Freizeit, loyal und freiwillig arbeiten will.

Unser Edgar hat aber glücklicherweise die Variante 2, die erfolgreiche Balance, gewählt.

Entweder hat er viel natürliches Talent und Fingerspitzengefühl oder aber – er hat das vorliegende Buch bereits gelesen!

7.3.2.2 Variante 2

Während der Präsentation und der Argumentation von Peter hört Edgar aufmerksam zu. Er stellt einige präzise Fragen, hört erneut zu, hinterfragt und sagt zum Schluss: „Peter, besten Dank für deinen Einsatz und für deine klaren Ausführungen!"

Er nimmt die erarbeiteten Unterlagen an sich und verabschiedet sich mit den Worten: „Ich werde mich bis morgen früh in deine Unterlagen eingelesen haben. Gerne überprüfe ich deinen Gegenvorschlag. Nun wünsche ich dir noch einen erfolgreichen Tag und nochmals – Danke. Ich gebe dir morgen Bescheid."

Sie verabreden sich für den kommenden Tag, erneut um 10 Uhr.

Polarisierungsmodell

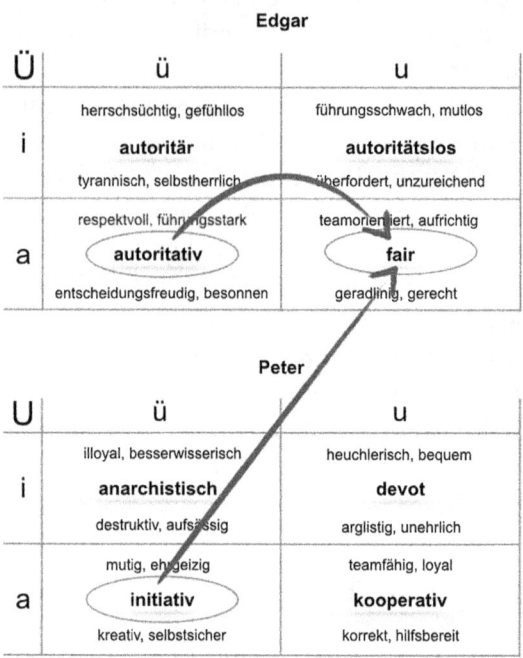

Produktionsunternehmen 4

Edgar hat die Situation erkannt und ist mit seinem Verhalten geschickt in das Feld der angemessenen Unterordnung „gewandert". Auf eine faire, aber auch teamorientierte und gerechte Weise hat er Peter signalisiert, dass er seinen Gegenvorschlag überprüfen wird. Dadurch hat er das kreative Vorgehen von Peter gewürdigt und der Initiative eine Chance gegeben.

Ein initiatives Vorgehen verlangt von der Gegenseite eine faire Behandlung – sofern genügend Zeit vorhanden ist. Durch diese Vorgehensweise fühlt sich der Mitarbeitende ernst genommen und sieht seinen Einsatz belohnt.

Mittwochnachmittag
Am Nachmittag nimmt sich Edgar die notwendige Zeit, um den Vorschlag von Peter genauestens zu überprüfen und zu hinterfragen. In der Phase dieser Überprüfung ordnet er sich mental seinem Mitarbeitenden unter, er bewegt sich also immer noch im fairen Charakterfeld.

Irgendeinmal während diesem Studium kommt Edgar aber zu dem Punkt, an dem er das Feld der angemessenen Unterordnung verlassen muss und wieder zurück ins Feld der angemessenen Überordnung wechseln sollte.

Weshalb?

Weil er entscheiden muss – er muss sich für die eine oder andere Vorgehensweise entscheiden!

Das tut er auch. Danach verlässt er zufrieden sein Büro und genießt den Feierabend im Kreise einiger Freunde bei einem feinen Abendessen und einem guten Glas Rotwein.

Donnerstagmorgen
Wie vereinbart treffen sich Peter und Edgar um 10 Uhr im selben Büro wie am Vortag. Sie begrüßen sich höflich und reden kurz über die Fußball-Champions-League-Spiele vom Vorabend. FC Bayern und Borussia Dortmund haben beide klasse gespielt und gewonnen!

Danach kommen sie schnell zur Sache.

Edgar hat sämtliche Unterlagen vor sich hingelegt und sagt: „Peter, ich habe deine Ausarbeitungen im Detail geprüft und bin zu einem Entschluss gekommen. Vorab, es ist eine grandiose Arbeit, die du mir vorgelegt hast. Dankeschön.

Wir werden es genauso machen wie du es vorgeschlagen hast. Bitte leite das Notwendige in die Wege."

Edgar begründet noch kurz, wieso er Peters Lösung bevorzugt und verabschiedet sich dann definitiv. Peter bedankt sich für das Vertrauen und verspricht ihm, die Sache so schnell wie möglich umzusetzen.

Edgar hätte sich auch für seine eigene Lösung entscheiden können. Dann jedoch hätte er Peter genauestens erläutern und erklären müssen, wieso er so entschieden hat, damit Peter den Entschluss von Edgar hätte nachvollziehen und akzeptieren können.

Polarisierungsmodell

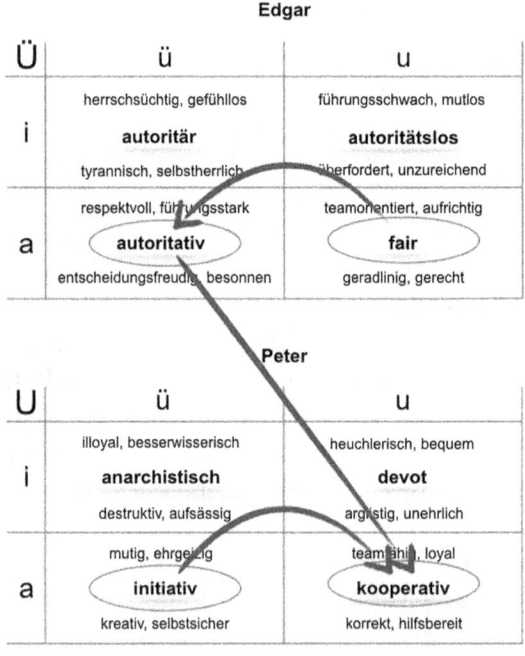

Produktionsunternehmen 5

7 Beispiele der erfolgreichen Balance

Was ist passiert?

Edgar ist so lange im fairen, untergeordneten Feld geblieben, bis er den Gegenvorschlag von Peter vollständig geprüft hat. Danach wechselte er in die angemessene Überordnung, um sich in die Entscheidungsfindung zu begeben. Er hat sich im persönlichen Gespräch gegenüber Peter nun erneut übergeordnet und ihm den Entschluss mitgeteilt.

Peter seinerseits hat genau zugehört, die Anweisung von Edgar entgegengenommen und ihm versprochen, die Sache so schnell wie möglich umzusetzen. Damit hat Peter das initiative Feld verlassen und ist ins kooperative Charakterfeld gewechselt.

Allerdings hätte er diesen Wechsel ebenfalls bei einem nachteiligen Entscheid von Edgar vollziehen müssen, auch wenn der Entschluss gegen seine Vorstellungen gewesen wäre. Peter hätte sich genauso loyal verhalten und Edgar vorerst seine Kooperation zusichern müssen!

Wenn Peter mit dem nachteiligen Entscheid überhaupt nicht einverstanden gewesen wäre, hätte er später eine neue Initiative ergreifen können, sofern dies zeitlich möglich gewesen wäre.

Das autoritative Verhalten verlangt von der Gegenseite jedoch zunächst eine kooperative Reaktion!

So sieht das erfolgreiche Balancieren in einem Unternehmen aus! Die übergeordnete Position wechselt und balanciert zwischen dem autoritativen und fairen Feld hin und her – die untergeordnete Position macht genau dasselbe zwischen dem initiativen und kooperativen Feld.

> Die richtigen Charakterfelder zum richtigen Zeitpunkt – damit erreichen Sie eine störungsfreie Zusammenarbeit in einer Hierarchie – der Schlüssel zu einem konfliktfreien Miteinander

7.4 Fazit

Die drei Geschichten sollen Ihnen das Gefühl und die Vorstellung vermitteln, wie eine erfolgreiche und zielorientiert Balance im täglichen Leben aussehen kann.

Es sind Episoden, wie Sie sie bestimmt in solcher oder ähnlicher Form schon selber erlebt haben. Das eine Mal sind die Situationen störungsfrei gemeistert worden, das andere Mal sind Unstimmigkeiten oder gar Streit entstanden – so ist das Leben!

Wichtig ist, ehrlich und offen zu reflektieren und zu analysieren, wieso eine Situation eskaliert ist, wieso die Gespräche abgebrochen wurden, wieso Sie sich nicht einigen konnten. Oftmals liegt der Grund im sturen Verweilen in der eingenommenen Positionierung – in der nicht vorhandenen Bereitschaft, das Charakterfeld zu wechseln, zu balancieren.

Ü	ü	u
i	herrschsüchtig, gefühllos **autoritär** tyrannisch, selbstherrlich	führungsschwach, mutlos **autoritätslos** überfordert, unzureichend
a	respektvoll, führungsstark **autoritativ** entscheidungsfreudig, besonnen	teamorientiert, aufrichtig **fair** geradlinig, gerecht

U	ü	u
i	illoyal, besserwisserisch **anarchistisch** destruktiv, aufsässig	heuchlerisch, bequem **devot** arglistig, unehrlich
a	mutig, ehrgeizig **initiativ** kreativ, selbstsicher	teamfähig, loyal **kooperativ** korrekt, hilfsbereit

Die fehlende Balance

7 Beispiele der erfolgreichen Balance

Solange sich beide Positionen, die übergeordnete sowie die untergeordnete, im Charakterfeld der angemessenen Überordnung positioniert haben und keiner bereit ist in die angemessene Unterordnung zu wechseln, sind Störungen vorprogrammiert!
Wieso?

- Weil in dieser Konstellation Entscheidungen der übergeordneten Position von der untergeordneten Position nicht in Betracht gezogen werden und dementsprechend zu wenig kooperiert wird.
- Weil auf das initiative Verhalten der untergeordneten Position von der übergeordneten Position nicht eingegangen wird und deshalb Ideen und Vorschläge auch nicht überprüft werden.

Obwohl sich die Beteiligten in den jeweils angemessenen Feldern positioniert haben, kommen sie in dieser fixen Form nicht voran!

Dasselbe trifft auch zu, wenn sich die beiden gegensätzlichen Positionen gleichzeitig in dem Charakterfeld der angemessenen Unterordnung positioniert haben und in diesem Feld stur verharren. Auch das kann Störungen auslösen.
Weshalb?

- Weil im fairen Charakterfeld von der übergeordneten Position keine Entscheidungen getroffen werden können, dazu muss sie sich ja überordnen.
- Weil in der untergeordneten Position zwar loyal und hilfsbereit kooperiert wird, in diesem Charakterfeld aber keine neuen Ideen oder Vorschläge entstehen.

Dadurch entsteht eine komische „Wir-spüren-uns-und-wir-haben-uns-lieb-Atmosphäre", die langfristig ein erfolgreiches

Miteinander für alle Beteiligten kompliziert gestaltet, da ein zielorientiertes Vorankommen schwierig wird.

Aus diesen Gründen sollte die erfolgreiche Balance unter allen Umständen „über Kreuz" angestrebt und durchgeführt werden:

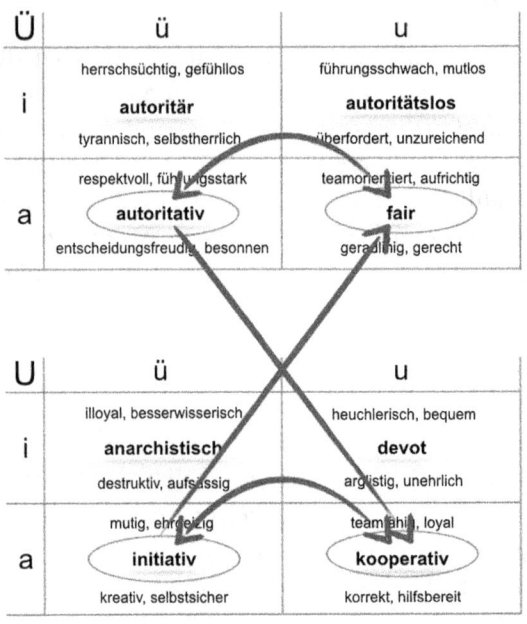

Die gegenseitige, erfolgreiche Balance

Das initiative und das faire Charakterfeld sollen sich gegenseitig ergänzen und „befruchten". Dasselbe gilt auch für das autoritative und das kooperative Charakterfeld.

Jede Initiative bedarf einer Chance durch eine seriöse Überprüfung – jeder Entscheid hat vorab Kooperation und Loyalität verdient!

7 Beispiele der erfolgreichen Balance

Solange alle Beteiligten nach bestem Wissen und Gewissen denken beziehungsweise handeln, ist die erfolgreiche Balance von beiden Positionen der Erfolg versprechende Weg.

> Mithilfe der dargestellten Vorgehensweisen gestalten Sie das Zusammenleben und Zusammenarbeiten in einer bestehenden Gemeinschaft zu einem attraktiven Erlebnis – die balancierte Kommunikation im Alltag

8

Die destruktive Balance

Wie fast überall im Leben, so gibt es ebenfalls im Zusammenleben oder Zusammenarbeiten in einem Netzwerk beziehungsweise in einer Hierarchie Menschen, die nur ganz wenig oder kein Fingerspitzengefühl haben. Menschen, die hauptsächlich ihre eigenen Interessen verfolgen und sich auch dementsprechend benehmen.

Sie sind berechnend, egoistisch und können durch ihr Verhalten andere beleidigen, blamieren oder bloßstellen. Diesen Menschen macht es auch nichts aus, andere für ihre Zwecke „vor ihren Wagen zu spannen", damit sie die unangenehmen Arbeiten nicht selber verrichten müssen, aber gleichwohl aus dem Hintergrund steuern können!

Andere können gezielt hofieren, scharwenzeln oder katzbuckeln, damit sie ihre eigennützigen Ziele erreichen. Das tun sie abwechslungsweise bei jenen Personen, bei denen sie glauben, für sich selbst den größten Nutzen zu erzielen.

Diese Menschen bewegen sich in der übergeordneten Position beinahe ausschließlich im autoritären respektive im autoritätslosen Charakterfeld, in der untergeordneten Position im anarchistischen oder im devoten Charakterfeld. Folglich in den unangemessenen Feldern des Polarisierungsmodells!

Bei jenen Menschen, welche sich, ungeachtet der Position, in der unangemessenen Überordnung, also im autoritären oder im anarchistischen Feld positioniert haben, wissen Sie wenigstens, woran Sie sind. Denn sie verharren häufig stur, konsequent und unbelehrbar im jeweiligen Charakterfeld und treiben dort ihr zerstörerisches Unwesen!

Anders sind jene Menschen, die sich hauptsächlich in der unangemessenen Unterordnung, somit im autoritätslosen beziehungsweise im devoten Charakterfeld, positionieren. Diese sind unberechenbar, inkonsequent, sprunghaft und verdreht – je nach Situation. Außerdem sind sie beängstigend manipulierbar!

Das sind exakt jene Menschen, die sich notgedrungen, jedoch meist aus einer selbst kreierten Situation heraus, der destruktiven Balance bedienen. Sie glauben, mit dieser Methode vorwärts zu kommen oder das geschaffene Problem lösen zu können.

Immer dann, wenn sie mit ihrer unangemessenen Unterordnung an ihre Grenzen gelangen, wechseln sie in die unangemessene Überordnung und merken dabei nicht einmal, dass sie dadurch den angerichteten Schlamassel nur noch verschlimmern. Sie sind nicht in der Lage, sich in den angemessenen Feldern zu positionieren, weil sie schlichtweg die notwendige Charakterstärke dazu nicht haben.

Ü	ü	u
i	herrschsüchtig, gefühllos **autoritär** tyrannisch, selbstherrlich	führungsschwach, mutlos **autoritätslos** überfordert, unzureichend
a	respektvoll, führungsstark **autoritativ** entscheidungsfreudig, besonnen	teamorientiert, aufrichtig **fair** geradlinig, gerecht

U	ü	u
i	illoyal, besserwisserisch **anarchistisch** destruktiv, aufsässig	heuchlerisch, bequem **devot** arglistig, unehrlich
a	mutig, ehrgeizig **initiativ** kreativ, selbstsicher	teamfähig, loyal **kooperativ** korrekt, hilfsbereit

Die destruktive Balance

Durch das unkontrollierte, destruktive Wechselspiel (Balance) zwischen unangemessener Unterordnung respektive Überordnung lösen diese Menschen nichts anderes als unangenehme Störungen und lästige Disharmonie aus.

8.1 In der übergeordneten Position

Die destruktive Balance in der übergeordneten Position wird von jenen Personen praktiziert, welche ihre Aufgabe vorwiegend im autoritätslosen Charakterfeld verrichten, allerdings nur so lange, bis sie nicht mehr weiter kommen…

8.1.1 Ausgangssituation

Eine Gemeinde mit einigen tausend Einwohnern.

Diese Gemeinde lebt zu einem gewissen Teil vom touristischen Treiben und hat aus diesem Grunde vor vielen Jahren einen eigenen Tourismusverein ins Leben gerufen. Der Verein hat, so wie die meisten Vereine, einen Präsidenten, einen Vorstand und selbstverständlich seine Mitglieder.

Der Präsident heißt Gustav und hat vor kurzem den Vorsitz übernommen. Gustav gehört zu jenen Menschen, die sich gerne überall aufdrängen, um dabei zu sein. Er ist flatterhaft, unberechenbar und inkonsequent, ausgestattet mit einem „geschliffenen" Mundwerk.

Immer wenn Gustav jemand kennen lernt, „tastet" er ihn ab, um herauszufinden, ob dieser ihm eines Tages vielleicht Nutzen bringen könnte. Wenn ja, so wird Gustav zum widerwärtigen Schleimer. Wenn nein, so behandelt er ihn oberflächlich und respektlos. Gustav ist eine Windfahne – jemand, der seine Meinung hemmungslos wechseln kann, je nachdem, woher der Wind weht.

In seiner Aufgabe als Präsident hält er sich gegenüber den Schlüsselpersonen des Vereins, je nachdem, in welcher Position sich diese befinden, entweder im autoritätslosen oder dann im devoten Charakterfeld auf, also in der unangemessenen Unterordnung. Genau so lange, bis er nicht mehr weiterkommt.

Im Vorstand gibt es zwei Personen, die in vielen Bereichen zu den Drahtziehern gehören:

Karl und Jochen.

Beide sind ausgekochte Egoisten. Vordergründig stellen sie stets das Wohlergehen der Gemeinde in den Mittelpunkt, in der Hauptsache jedoch geht es ihnen fast ausschließlich um die eigenen Interessen. Die eigenen Interessen zielen

8 Die destruktive Balance

darauf hin, immer noch mehr zu besitzen, noch mehr zu haben, um dadurch noch größeren Einfluss und Macht ausüben oder missbrauchen zu können.

Beide sind überwiegend im autoritären Charakterfeld zu Hause.

Speziell Karl kann sich ausgesprochen herrschsüchtig, besserwisserisch und gefühllos benehmen. Sein Selbstbild ist meilenweit vom Fremdbild entfernt – nur merkt er das nicht, weil er in dieser Hinsicht viel zu gedankenlos ist und zu viele Ja-Sager um sich herum hat.

Sowohl Karl als auch Jochen haben sich im Vorfeld sehr entschieden für die Wahl von Gustav als Präsidenten eingesetzt und darauf geachtet, dass ja keine weiteren Anwärter zur Verfügung standen.

Sie brauchten jemanden, der nach ihren Flöten tanzt. Da war Gustav genau der geeignete Kandidat. Sie mussten ihn auch nicht lange „bearbeiten", bis er einwilligte – Gustav will ja schließlich dazu gehören.

Auf der Mitgliederliste des Vereins gibt es einen Pius.

Pius hat sein eigenes soziales Netzwerk und steht somit in keinerlei Abhängigkeiten zu Karl oder Jochen. Er setzt sich sehr zum Wohle der Gemeinde ein und kann die eigenen Interessen in den Hintergrund stellen – er meint es ehrlich. Seine Absichten und Ansichten sind nicht immer identisch mit jenen von Karl und Jochen, dadurch entstehen zwischen den beiden Parteien nicht selten gewisse Interessenskonflikte.

Auch Gustav kennt Pius und hütet sich davor, mit Pius in Zwietracht zu geraten. Er könnte ihm möglicherweise irgendwann einmal von Nutzen sein. Aus diesem Grunde hält sich Gustav gegenüber Pius meistens im untergeordnet Bereich auf.

Pius seinerseits ist ein sehr selbstbewusster und geradliniger Kerl, der sich mehrheitlich in den angemessenen übergeordneten Charakterfeldern positioniert, jedoch jederzeit bereit ist, sich unterzuordnen, wenn ihn die vorgetragenen Argumente überzeugen können.

8.1.2 Destruierender Ablauf

Wie erleben Sie eine destruktive Balance von einer Person in der übergeordneten Position, die schlussendlich zu einem destruierenden, zerstörerischen Verhalten führt?

Freitagabend
Die jährliche Mitgliederversammlung findet statt. Etwa 70 Mitglieder und der Vorstand sind anwesend.

Die Versammlung wird in einem Saal der Gemeinde abgehalten. So wie üblich steht vorne im Raum der lange Tisch, an welchem der Präsident und alle Vorstandsmitglieder Platz nehmen (man muss ja sehen, wer sich in der übergeordneten Position befindet), und der Rest des Saales ist für die herkömmlichen Mitglieder bestuhlt.

Gustav, der Präsident, bevorzugt es, stehend vor dem Vorstandstisch die Zusammenkunft zu leiten.

Gustav ist sichtlich nervös, es ist sein erster Auftritt in diesem Amt. Er tritt unruhig von einem Bein auf das andere, lächelt verlegen, seine Blicke wandern hektisch hin und her und er schaut vor Beginn des Meetings mehrheitlich nach hinten, anstatt nach vorne zu den Mitgliedern. Irgendwie verständlich, denn hinter ihm, am Vorstandstisch, sitzen seine beiden „Flötisten" Karl und Jochen. Denen will er bekanntlich gefallen!

Karl und Jochen sitzen eher gelangweilt auf ihren Stühlen, die Körperhaltung schludrig, beide jedoch mit einem

bitterernsten Gesichtsausdruck. Man muss ja seine Wichtigkeit irgendwie nach außen demonstrieren. Dieser Gesichtsausdruck hilft da vielleicht…?
Pünktlich um 20.30 Uhr eröffnet Gustav die Versammlung:

Geschätzte Anwesende, ich heiße Sie im Namen des Vorstands herzlich willkommen zu unserer Jahresversammlung. Ich danke Ihnen für das zahlreiche Erscheinen. Vorab möchte ich mich beim Vorstand für die gute Zusammenarbeit bedanken und speziell bei Karl und Jochen für das in mich gesetzte Vertrauen. Ich weiß das sehr zu schätzen und will mein Bestes geben. Beginnen wir mit dem Punkt 1 der heutigen Agenda… Nein, das habe ich ganz vergessen, zuerst müssen wir noch die Stimmenzähler wählen. Ich schlage vor, auf der linken Seite macht das Rolf und die rechte Seite übernimmt Manuel.

Plötzlich wird er von Karl unsanft unterbrochen und dieser flüstert ihm garstig zu, dass das auf der linken Seite gefälligst Hannes macht, er habe schon mit ihm vor der Sitzung darüber geredet.

Hannes ist ein „Freund" von Karl und steht in einer gewissen Abhängigkeit.

Gustav, etwas verwirrt, macht nach dem kurzen Unterbruch unsicher weiter: „Ähm, das war ein Fehler von mir, Entschuldigung. Karl hat natürlich Recht, auf der linken Seite ist nicht Rolf der Stimmenzähler, sondern Hannes."

Nachdem die Stimmenzähler gewählt sind, beginnt Gustav mit dem 1. Punkt der Agenda.

Immer wieder greifen Karl und Jochen ins Geschehen ein und geben zu fast jedem Punkt ihre Kommentare ab, die sie teilweise sitzend, schlampig und hochnäsig vortragen.

Gustav merkt nicht, wie er immer weiter zu einer Marionette degradiert wird – er hat die Sache überhaupt nicht im Griff, wirkt hilflos, linkisch und deplatziert.

Es folgt Punkt 7 der Agenda, es geht um die künftige Ausrichtung des Vereines.

An dieser Stelle übernimmt Karl das Zepter und äußert sich, selbstverständlich sitzend und sehr selbstgefällig: „Wir sind uns im Vorstand einig! Es gibt keine Gründe, die uns veranlassen, größere Änderungen vorzunehmen. Deshalb werden wir in dieser Art weiterfahren, wie es sich in den vergangenen Jahren bewährt hat."

Nun meldet sich Pius zu Wort!

Wie nicht anders zu erwarten von Gustav, erteilt er Pius mit einer schlüpfrigen Einleitung das Wort: „Wir haben eine Wortmeldung von unserem geschätzten Mitglied Pius. Er ist für seine überraschenden Vorschläge und zukunftsorientierten Ideen bekannt und beliebt. Bitte, lieber Pius".

Am Vorstandstisch rümpfen Karl und Jochen bereits ihre Nasen. Diese Einleitung und die sofortige Worterteilung an Pius passen ihnen offensichtlich überhaupt nicht ins Konzept.

Nichtsdestotrotz steht Pius höflich auf.

Wortgewandt, bestens vorbereitet und mit klarer Stimme beginnt er mit seiner Darstellung:

„Geschätzter Präsident, liebe Vorstandsmitglieder, liebe Anwesende. Erlauben Sie mir, dass ich der einheitlichen Ansicht des Vorstandes widerspreche. Es stimmt nicht, dass es keine Gründe für Veränderungen gibt. Es gibt sogar mehrere Gründe, die uns antreiben müssten, unseren Verein von einem reinen Tourismusverein in einen Einwohner- und Tourismusverein umzuwandeln. Das sind wir den veränderten Strukturen, den veränderten Bedingungen und unseren Einwohnern schuldig!"

Ruhig und mit bestechenden Argumenten untermauert er im Folgenden seinen Antrag und schließt mit den Worten: „Aus diesen Gründen beantrage ich, hier und heute über die Ausarbeitung eines solchen Konzepts mit dem Ziel einer Neuausrichtung des Vereines abzustimmen."

Gustav bedankt sich bei Pius: „Besten Dank, geschätzter Pius, für deine sehr interessanten Äußerungen und Darlegungen. Ich schlage vor, wir diskutieren nun über die intelligenten Ansichten von Pius. Wer möchte sich dazu äußern?" Gustav will es sich auf keinen Fall mit Pius verspielen, vielleicht bringt ihm das irgendwann gewisse Vorteile.

Es gibt einige Wortmeldungen, die jedoch beachtet Gustav nicht. Er ahnt wohl, dass dieser Antrag gegen die ureigenen Interessen von Karl und Jochen ist.

Aufdringlich und bissig meldet sich Jochen zu Wort. Einmal mehr ignoriert er den Präsidenten: „Wir haben klare Richtlinien. Ich sehe überhaupt nicht ein – und da spreche ich bestimmt auch aus den Herzen meiner Vorstandskollegen – dass wir aus dem Tourismusverein einen Einwohnerverein machen sollten. Das haben schon andere Gemeinden versucht und es ist schief gelaufen. Gustav, diese Sache müssen wir nicht noch lange diskutieren. Gehe unverzüglich zur Abstimmung über!"

Es geht ein Raunen durch den Saal. Vier Mitglieder melden sich per Handzeichen noch zu Wort. Der Rest ist still – sie blicken nach unten auf ihre Schuhe und demonstrieren auf diese Weise ihre devote Haltung gegenüber Jochen und Karl.

Pius schüttelt ungläubig den Kopf, unterlässt es aber, nachzuhaken – warum auch immer.

Für Gustav ist das eine ungemütliche Situation, in die er sich durch seine inkonsequente und führungsschwache Leitung der Versammlung selber manövriert hat. Er ist schlicht überfordert – würde das aber nie im Leben eingestehen.

Die wenigen Wortmeldungen missachtet er geflissentlich und wird plötzlich übertrieben bestimmend. Autoritär, mit hochrotem Kopf und lauter Stimme sagt er: „Ich muss Jochen recht geben. Solche Zweckänderungen von altgedienten Vereinen machen keinen Sinn und entsprechen auch keinem Bedürfnis. Der guten Ordnung halber müssen wir gleichwohl über den Antrag von Pius abstimmen!"

Ohne das Gesuch in seinem Wortlaut nochmals präzise zu wiederholen, lässt er abstimmen.

Karl und Jochen verfolgen mit finsterer Miene das Geschehen, damit es ja keinem ihrer „Freunde" in den Sinn kommt, den Vorschlag von Pius zu unterstützen.

Wie nicht anders zu erwarten, wird der Antrag mit großer Mehrheit abgelehnt. Auf die Nachfrage von Gustav bei Hannes, wie denn genau das Stimmenverhältnis ist, antwortet Hannes: „Ich habe nicht gezählt, aber die Mehrheit ist gegen den Antrag von Pius!" Nun ist auch klar, weshalb Hannes zum Stimmenzähler bestimmt wurde.

Die Marionette Gustav führt danach die Versammlung schnell zu Ende.

Nach der Versammlung haben sich die Mitglieder in einem Restaurant oder in der nahe gelegenen Bar zum Bier getroffen. Duckmäuserisch hat sich Gustav zu Pius gesellt und versucht, ihm heuchlerisch zu erklären, dass es dumm gelaufen sei und dass er das nächste Mal bestimmt nicht noch einmal auf den Vorstand hören werde, und beendet seine peinlichen Rechtfertigungen mit dem ekligen Satz: „Deine Getränke, lieber Pius, bezahle ich, du bist eingeladen!"

8.1.3 Fazit

Was hat Gustav durch sein unangemessenes Verhalten erreicht und ausgelöst?

8 Die destruktive Balance

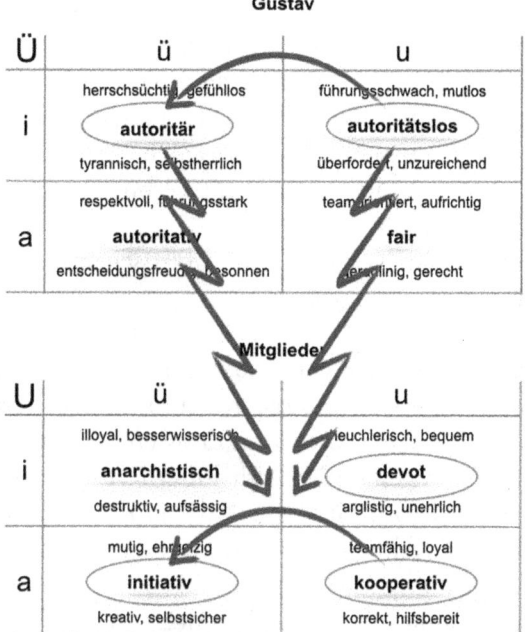

Die destruktive Balance in der Ü-Position

Im Verein befinden sich Gustav als Präsident sowie die restlichen Vorstandsmitglieder, aufgrund ihrer Funktionen, in der übergeordneten Position. Die restlichen Mitglieder haben in diesem Vereins-Netzwerk die untergeordnete Position eingenommen.

Gustav hat sich als Präsident vorwiegend, seinem Charakter entsprechend, im autoritätslosen Feld positioniert. Seine beiden überheblichen Vorstandskollegen bewegen sich ausschließlich in der unangemessenen Überordnung. Die Mehrheit der Mitglieder verteilt sich mit ihrem Verhalten im devoten respektive kooperativen Charakterfeld. Pius hat sich zu Beginn im kooperativen Feld positioniert und wechselte mit der Präsentation seines Antrags in das initiative Charakterfeld.

Um es vorweg zu nehmen, das autoritäre, selbstherrliche Verhalten von Karl und Jochen ist für jede Art von Zusammenarbeiten oder Zusammenleben, egal in welcher Gemeinschaft, absolut hinderlich, widerlich und für die meisten Zeitgenossen schlicht unerträglich. Sie missbrauchen ihre Position wie auch die damit verbundene Macht auf eine inakzeptable Art und Weise.

Es lohnt nicht, sich mit solch egoistischen Rüpeln überhaupt auseinanderzusetzen!

Nun zu Gustav:

Gustav hat sich die ganze Zeit gegenüber Karl und Jochen unangemessen untergeordnet und sich von seiner schrecklich autoritätslosen und devoten Seite gezeigt. Nie hat er auch nur einen Versuch unternommen, die unangemessene Überordnung von Karl und Jochen zu unterbrechen. Dazu fehlte ihm der notwendige Mut! Er besitzt weder Führungsqualitäten noch hat er seine Verantwortung wahrgenommen. Dies hat sich von Beginn an abgezeichnet!

Als Gustav den Vorschlag von Pius im Plenum diskutieren wollte, ist ihm Jochen über den Mund gefahren und hat ihn unfreundlich und herrschsüchtig angewiesen, was zu tun ist. Auch dies hat er sich, mutlos wie er ist, gefallen lassen.

In diesem Moment sah Gustav nur noch eine einzige Möglichkeit, sich durchzusetzen: Im autoritätslosen Feld geht das nicht, somit ist er ins autoritäre Charakterfeld gewechselt, hat sich selbstherrlich über die initiativen Mitglieder hinweggesetzt und es dadurch Klaus und Jochen gleichgetan. Beschämend!

Er hat die destruktive Balance gewählt und auf diese niveaulose Weise weitere Störungen provoziert. Damit hat er nicht nur dem Zusammenleben im Netzwerk nachhaltig geschadet, sondern vor allem auch sich selbst!

Was hat Gustav im Nachhinein versucht, um den verursachten Schaden einigermaßen wiedergutzumachen? Er ist nach der Sitzung zu Pius gegangen und hat sich als Vereinspräsident erneut unangemessen untergeordnet, indem er die Situation schöngeredet, sich angebiedert und rumscharwenzelt hat.

Dieses Verhalten ist typisch für autoritätslose Charaktere. Sobald sie merken, dass sie mit der unangemessenen Überordnung auch nicht vorankommen, wechseln sie erneut in das Feld der unangemessenen Unterordnung, denn da fühlen sie sich schlussendlich zu Hause!

Solche Menschen sind in diesen Funktionen eine krasse Fehlbesetzung und müssen schnellstmöglich ausgetauscht werden, denn sie schaden jeglicher Form des Miteinanders!

Diese destruktive Balance können Sie nicht nur in einem privaten Netzwerk beobachten. Es gibt sie leider auch in ähnlicher Form in Unternehmen oder in der Familie!

8.2 In der untergeordneten Position

In der untergeordneten Position neigen vorwiegend jene Personen zur destruktiven Balance, welche sich gegenüber der übergeordneten Position größtenteils im devoten Charakterfeld aufhalten. Sie sind so lange in diesem unangemessenen Feld, bis sie damit nicht mehr weiter kommen...

8.2.1 Ausgangssituation

Eine Firma, die aktiv im Dienstleistungsbereich unterwegs ist. Das Unternehmen hat ca. 800 Mitarbeitende und wird von den Verantwortlichen sehr solide geführt. Es gibt die Geschäftsleitung und neun verschiedene Geschäftsbereiche, so auch den Bereich „Service und Leistung".

Dieser Bereich wird von Dr. Frei geleitet. Herr Frei ist 42 Jahre alt. Er ist ein umsichtiger Vorgesetzter, der eine klare Linie hat und bei seinen 83 Mitarbeitenden ein hohes Ansehen genießt.

Im Geschäftsbereich „Service und Leistungen" gibt es neben Dr. Frei zusätzlich noch acht Teamleiter mit Führungsverantwortung.

Die 83 Mitarbeitenden sind ein bunter Haufen von mehrheitlich positiv denkenden Menschen, welche größtenteils das Ihrige zu einem guten Arbeitsklima beitragen.

Natürlich gibt es auch einige, mit denen es nicht immer ganz einfach ist.

Zum Beispiel Klaus Schleck.

Er ist 46 Jahre alt und bewegt sich gegenüber Herrn Frei auffällig stark im devoten Charakterfeld. Er findet immer wieder Möglichkeiten, sich bei Dr. Frei in Szene zu setzen und ihn zu hofieren. Beim Weihnachtsessen oder bei sonstigen Feierlichkeiten schafft er es meistens, sich so zu platzieren, dass er möglichst nahe bei Herrn Frei sitzt. Ähnlich ist sein Verhalten auch gegenüber dem Teamleiter. Er hat keine eigene Meinung, sondern vertritt stets die Meinung von Dr. Frei.

Bei den Arbeitskolleginnen und -kollegen ist er nicht besonders beliebt, da seine devote Haltung teilweise schon peinlich ist.

Dann gibt es noch Anna Besser-Weiß und Gerd Ziegler. Frau Besser-Weiß besteht darauf, mit ihrem Doppelnamen angesprochen zu werden. Beide bewegen sich gerne und oft im anarchistischen Charakterfeld.

Sie bekunden Mühe, die bestehenden Regeln zu akzeptieren und wissen Vieles besser. Natürlich nicht in Gegenwart von Herrn Frei, aber den einen oder anderen Teamleiter lassen sie schon spüren, was sie von ihm halten.

Das Eigenbild von beiden ist weit weg von den jeweiligen Fremdbildern.

8 Die destruktive Balance

Im Team sind sie zwar toleriert, haben aber wenig echte Kollegen. Bei Meetings oder während Pausen stehen Anna und Gerd fast immer abseits und flüstern miteinander.

Die restlichen Mitarbeitenden sind sehr angenehme Zeitgenossen, mit denen die Zusammenarbeit in der Regel harmonisch abläuft.

Vielleicht stellvertretend für die Mehrheit ist Melanie Leiser zu erwähnen. Eine 32-jährige, selbstsichere Frau, die sich hauptsächlich im kooperativen Feld aufhält. Sie arbeitet gerne, ist fröhlich, manchmal ein bisschen zu arg im Hintergrund.

Sie wird von den Arbeitskollegen und von den Vorgesetzten gleichermaßen geschätzt, obwohl sie erst seit einigen Monaten in der Firma ist.

Sie müsste noch etwas mehr aus sich herauskommen, da sie viele gute Ideen und interessante Verbesserungsvorschläge hat – sie hat leider zu selten den Mut, diese zu äußern. Aber was nicht ist, kann ja noch werden.

Ein Teamleiter, Wolfgang Reiser, hat gekündigt, weil er sich für längere Zeit ins Ausland begeben will. Eine Art Abenteuer-Trip!

Herr Frei will diese Stelle spätestens in sechs Monaten wieder neu besetzen, deshalb hat er mit der Personalabteilung eine interne Ausschreibung organisiert. Sämtliche Mitarbeiter können sich für diese Position bewerben, sofern die vorgegebenen Voraussetzungen erfüllt sind. Neben der üblichen Bewerbung sollen die Kandidaten zusätzlich formulieren, welche Maßnahmen sie ergreifen würden, um bestimmte Abläufe zu verbessern.

Die Personalabteilung hat die Bewerbungen durchgeschaut und zehn davon nach einem speziellen Auswahlverfahren an Herrn Dr. Frei weitergegeben. Herr Frei hat darauf bestanden, die Gespräche mit den möglichen Kandidaten selber zu führen, um danach der Personalabteilung seine drei bevorzugten Bewerber zu unterbreiten.

Als er die zehn Bewerbungsunterlagen kurz überfliegt, staunt er und muss gleichzeitig schmunzeln, denn darunter befinden sich auch die Unterlagen von Herrn Schleck, Frau Besser-Weiß und von Melanie Leiser.

Bevor Herr Frei die Kandidaten zum Gespräch einlädt, liest er speziell den Punkt „Maßnahmen und Verbesserungsvorschläge" in den jeweiligen Bewerbungsunterlagen durch.

Bei Herrn Schleck steht geschrieben, dass er nicht viel ändern wolle, da die Abläufe und Prozesse, so wie sie von Herrn Dr. Frei und Herrn Reiser installiert wurden, vorbildlich seien.

Frau Besser-Weiß hat notiert, dass dringende Notwendigkeit für verschiedenste Veränderungen bestehe, da einige Abläufe unzeitgemäß seien, und das nicht nur im Team Reiser. Nachfolgend hat sie eine lange Liste von Maßnahmen schriftlich festgehalten.

Melanie Leiser hat vermerkt, dass sie es als unseriös betrachte, bereits jetzt alles besser wissen zu wollen als Herr Reiser, und hat keine Maßnahmen beschrieben. Sie hat jedoch erwähnt, dass sich ihre allerersten Aktionen auf das Kennenlernen ihrer Mitarbeitenden konzentrieren werden.

In den kommenden drei Wochen will Herr Frei mit allen zehn Anwärtern ein persönliches Gespräch führen, damit er sich von jedem einzelnen ein Bild machen kann. Das führt er auch wie geplant durch. Die letzten Gespräche sind jene mit Frau Besser-Weiß und Herrn Schleck – diese stehen noch aus.

8.2.2 Destruierendes Verhalten

Herr Frei hat sämtliche Bewerbungsgespräche in einem gemütlichen Sitzungszimmer, in der Nähe seines Büros, durchgeführt. Dort sollen auch die beiden ausstehenden Gespräche stattfinden.

Frau Besser-Weiß hat er für Dienstagmorgen, 10.00 Uhr, und Herrn Schleck für Mittwochnachmittag, 14.30 Uhr, eingeladen.

Dienstagmorgen, 10.00 Uhr
Pünktlich zur abgemachten Zeit begrüßt Dr. Frei mit seiner sonoren Stimme die Kandidatin Frau Besser-Weiß sehr freundlich: „Guten Morgen Frau Besser-Weiß, bitte nehmen Sie Platz. Möchten Sie gerne einen Kaffee, lieber einen Tee oder Wasser?"

Sie will nichts trinken und dadurch kann Herr Frei mit dem Gespräch sofort beginnen: „Frau Besser-Weiß, vorab besten Dank für Ihre Bewerbung. Sie arbeiten nun schon beinahe drei Jahre bei uns in meinem Bereich. Bitte erzählen Sie mir, weshalb Sie sich gerade für diese Position des Teamleiters beworben haben?"

Während seiner Einstiegsfrage schaut Herr Frei der Anwärterin in die Augen und beobachtet sie genauestens. Ihr zeitweise sehr aufsässiges und besserwisserisches Verhalten in der vergangenen Zeit ist ihm nicht entgangen!

Frau Besser-Weiß denkt nach und antwortet sehr selbstsicher: „Ja, Herr Dr. Frei, Sie haben recht, drei Jahre bin ich schon in der Firma. Und seit drei Jahren habe ich den Eindruck, dass ich für meine Aufgabe als Sachbearbeiterin absolut überqualifiziert bin. Deshalb habe ich mich beworben. Vergleiche ich die Arbeitsqualität der acht Teamleiter mit meiner, so bin ich mindestens auf Augenhöhe!"

Herr Frei hört aufmerksam zu und führt fort: „Sie sind sehr überzeugt von sich selbst, das ist mir schon in einigen Gruppenmeetings aufgefallen. In Ihren Unterlagen haben Sie eine Liste von Veränderungen und Maßnahmen aufgeführt, welche Sie schnellstens in Angriff nehmen würden. Sie haben auch geschrieben, dass einige Abläufe unzeitgemäß seien. Wieso äußern Sie sich erst jetzt dazu und sind nicht schon früher mit Ihren Ideen zu mir gekommen?"

Damit hat Frau Besser-Weiß wohl nicht gerechnet: „Ich habe öfter dem einen oder anderen Teamleiter meine Meinungen und Ansichten deutlich gesagt. Wenn die das Ihnen nicht weiterleiten, Herr Dr. Frei, so ist das ja nicht mein Problem, aber es zeigt auch deutlich auf, dass wir unbedingt frischen Wind in diesem Laden brauchen!"

Frau Besser-Weiß zeigt sich im ganzen Gespräch weiterhin in der bekannten Rolle als aufsässige und rechthaberische Mitarbeitende, die genau weiß, wie die Firma zu führen ist.

Herr Dr. Frei hört aufmerksam zu, stellt seine Fragen sehr höflich, aber bestimmt.

Gekonnt, besonnen und respektvoll leitet er das Gesprächsende ein: „Ich habe Ihnen nun beinahe 45 Minuten zugehört. Mit Ihren Äußerungen und Bemerkungen haben Sie mich in meiner Einschätzung bestätigt. Frau Besser-Weiß, ich werde Sie nicht in die engere Wahl meiner Kandidaten nehmen. Ich brauche Teamleiter mit anderen Eigenschaften!"

„Wieso, bin ich Ihnen zu stark?" entgegnet sie überheblich.

Ganz ruhig erwidert Dr. Frei:

Nein, Frau Besser-Weiß, Sie sind mir nicht zu stark, sondern Sie haben ein verzerrtes Eigenbild! Sie sind von sich derart überzeugt, dass Sie meinen, alles, was wir machen, sei schlecht, falsch und unzeitgemäß und nur Sie wüssten, wie es geht. Ich zweifle zudem auch an Ihrer Loyalität. Sollte ich mich irren, so werden Sie in den kommenden Monaten genügend Gelegenheiten haben, mir das Gegenteil zu beweisen. Das empfehle ich Ihnen auch dringendst. Denn ich arbeite nicht gerne mit Kolleginnen zusammen, die sich in solch unangemessener Weise verhalten, wie Sie das tun. Es war mir wichtig, Ihnen diese Absage persönlich mitzuteilen und nicht mittels Schreiben der Personalabteilung. So kennen Sie jetzt die genauen Gründe und ziehen hoffentlich die notwendigen Lehren daraus. Ich danke Ihnen für das Gespräch und wünsche Ihnen noch einen guten Tag.

Mit hochrotem Kopf verlässt Frau Besser-Weiß den Sitzungsraum und kann sich noch nicht mal jetzt ihren letzten Satz verkneifen: „Auch Sie haben mein Bild, das ich von Ihnen habe, bestätigt! Dankeschön."

Herr Frei sagt nichts dazu, bewahrt seine gute Kinderstube und geht nachdenklich, mit einem leichten Kopfschütteln, zurück in sein Büro.

Frau Besser-Weiß geht auf direktem Weg zu ihrem Arbeitskollegen Gerd Ziegler und erzählt ihm aufgebracht vom Gespräch mit Frei. Am Schluss sagt sie zu Ziegler: „Siehst du, Gerd, das zeigt wieder einmal mehr, was für Flaschen hier das Sagen haben. Lieber besetzen sie die Führungspositionen mit Weicheiern anstatt mit Leuten, die etwas bewegen könnten – so wie wir! Die haben wirklich keine Ahnung…!" Natürlich unterstützt der treue Gerd seine gleich gesinnte Kollegin und äußert sich in ähnlich anarchistischer Form.

Mittwochnachmittag, 14.30 Uhr

Herr Dr. Frei begrüßt Klaus Schleck mit den Worten: „Hallo Herr Schleck, danke für Ihr pünktliches Erscheinen, bitte nehmen Sie doch Platz."

Es ist das letzte Bewerbungsgespräch. Herr Frei ist, so wie meistens, guter Laune und voller Respekt gegenüber seinem Mitarbeitenden.

Herr Schleck hat sich für dieses Gespräch viel vorgenommen und ist entsprechend aufgeregt. Er setzt sich auf den ihm angebotenen Stuhl und wartet ehrfurchtsvoll auf das, was kommen wird.

Herr Frei fragt ihn freundlich lächelnd: „Herr Schleck, ich danke Ihnen für Ihre Bewerbungsunterlagen. Was hat

Sie dazu bewogen, sich auf diese Stelle für den Teamleiter zu bewerben? Welches sind Ihre hauptsächlichen Beweggründe für diesen Schritt?"

Herr Schleck kann vor lauter Aufregung kaum ruhig sitzen.

Mit leiser Stimme und treuem Blick beantwortet er schleimend die Frage:

> Zuerst, Herr Dr. Frei, danke ich Ihnen, dass Sie sich die Zeit für dieses Gespräch nehmen. Ich weiß doch, wie stark Sie beschäftigt sind. Wieso ich mich beworben habe? Bestimmt ist Ihnen schon öfter aufgefallen, mit welchem Einsatz und welcher Loyalität ich meine Arbeit erledige. Ich bin fast jeden Tag zwischen acht und zehn Stunden in der Firma. Wir sind uns ja schon öfter frühmorgens oder spätabends auf dem Flur begegnet. Ich gebe mein Bestes, damit alle zufrieden sind. Ich habe das Gefühl, dass wir beide ein gutes Team wären und deshalb interessiere ich mich sehr für diese neue Aufgabe. Dadurch könnte ich Sie noch stärker unterstützen, Herr Doktor Frei.

Herr Frei runzelt ein bisschen die Stirn – ihm ist die devote Haltung von Schleck schon lange ein Dorn im Auge – trotzdem hört er aufmerksam zu.

Auch von Schleck will er wissen: „Sie haben keine Sofortmaßnahmen oder Verbesserungsvorschläge notiert, welche Sie durchführen oder prüfen wollen in der neuen Position als Teamleiter. Wieso nicht?"

Ganz schwärmerisch antwortet der:„Nein, habe ich nicht. Wieso auch? Was Sie anpacken, Herr Dr. Frei, ist einfach beeindruckend. Alles ist durchdacht und bis ins letzte Detail durchgeplant. Einfach phänomenal! Ich werde alles so belassen, wie Sie es eingeführt haben, außer, Sie möchten etwas Bestimmtes ändern, dann werde ich das selbstverständlich so in die Wege leiten, wie Sie mir das sagen. Sie werden sich auf mich verlassen können. Ich freue mich enorm auf unsere Teamarbeit."

Herr Frei stellt noch ein paar Fragen und gibt auch Herrn Schleck diese Möglichkeit: „Herr Schleck, welche Fragen haben denn Sie? Gerne beantworte ich Ihnen diese."

Da Herr Schleck keine Fragen hat, fasst Herr Frei das Gespräch kurz zusammen und beendet sein Resümee wie folgt:

> Herr Schleck, ich werde Sie nicht für den engsten Kreis der Anwärter vorschlagen. Meiner Meinung nach sind Sie der falsche Mann für diese Aufgabe. Es mag stimmen, dass Sie bis zu 10 Stunden täglich in der Firma verbringen, aber Sie sind mehr damit beschäftigt, Ihre unterwürfigen Bedürfnisse zu befriedigen, anstatt mit konstanter Leistung auf sich aufmerksam zu machen. Ich brauche einen Teamleiter, der auf der einen Seite initiativ, selbstständig und mutig die neue Aufgabe anpackt und auf der anderen Seite hilfsbereit, loyal und teamfähig kooperiert. Ich brauche keine Leute, die sich ducken oder herumschwänzeln. Ich brauche Menschen mit Rückgrat, solche, die mir ihre Meinungen auch dann sagen können, wenn sie nicht der meinigen entspricht! Beweisen Sie mir, dass Sie so auftreten können, dann sind Sie das nächste Mal vielleicht mein Mann! Es war mir wichtig, Ihnen das persönlich mitzuteilen. Nun wissen Sie, woran Sie sind und können sich entsprechend ändern.

Schleck ist beinahe unter den Tisch gerutscht. Herr Frei bedankt sich für das Gespräch und verabschiedet sich per Handschlag von ihm. Mit gesenktem Blick verlässt Schleck den Sitzungsraum.

Klaus Schleck weiß bereits, dass auch Frau Besser-Weiß nicht in die engere Wahl gekommen ist, sie hat sich ja entsprechend lautstark darüber empört. Bis gerade eben fand Schleck das auch richtig. Dies ändert sich nun aber blitzartig.

Anstatt sich die Worte und das Gespräch mit Frei nochmals in aller Ruhe durch den Kopf gehen zu lassen, macht er genau das Falsche. Er sucht als erstes die anarchistischen Kameraden auf und verbrüdert sich mit ihnen: „Anna, du und Gerd, ihr habt recht, Frei und seine Teamleiter sind unfähige Chefs. Die haben keine Ahnung, wer für sie durchs Feuer geht und wer nicht. Sollen sie doch machen was sie wollen. Auf mich können sie nicht mehr zählen."

Anna, Gerd und Klaus verabreden sich nach der Arbeit zu einem Bier und verbünden sich zu einer fiesen Gemeinschaft, um gegen alles und jeden, der nicht ihre Meinung vertritt, anzutreten.

Damit strapazieren sie das bis dahin gute Arbeitsklima der Firma auf beschämende und schädlichste Art und Weise.

Als dann das Personalbüro schriftlich kommuniziert, dass Frau Melanie Leiser die neue Teamleiterin sein wird, greifen die drei „Heckenschützen" zu armseligen Mitteln. Sie beginnen, Halbwahrheiten und teilweise auch Lügen über Frau Leiser und einige andere Kollegen zu verbreiten.

Doch Herr Frei schaut dem Treiben nicht lange zu. Er bestellt alle drei zu einem gemeinsamen Gespräch und teilt ihnen in wenigen Minuten klar und unmissverständlich mit, dass sie sofort mit diesen „Spielchen" aufhören sollen. Wenn sie sich mit seiner Entscheidung nicht abfinden könnten, dann sollten sie wenigstens die Größe besitzen und die erforderlichen Konsequenzen ziehen. Ansonsten werde er das tun!

Unser Schleck reagiert schnell! Vor lauter Gewissensbissen und Charakterschwäche wechselt er unverzüglich wieder in das devote Charakterfeld und versucht, mit seiner devoten Herangehensweise den angerichteten Schaden in Grenzen zu halten – etwas anderes kann er halt nicht!

8.2.3 Fazit

Was ist in diesen beiden Gesprächen passiert?

Dr. Frei

	ü	u
Ü		
i	herrschsüchtig, gefühllos **autoritär** tyrannisch, selbstherrlich	führungsschwach, mutlos **autoritätslos** überfordert, unzureichend
a	respektvoll, führungsstark **(autoritativ)** entscheidungsfreudig, besonnen	teamorientiert, aufrichtig **fair** geradlinig, gerecht

Hr. Schleck

	ü	u
U		
i	illoyal, besserwisserisch **(anarchistisch)** destruktiv, aufsässig	heuchlerisch, bequem **(devot)** arglistig, unehrlich
a	mutig, ehrgeizig **initiativ** kreativ, selbstsicher	teamfähig, loyal **kooperativ** korrekt, hilfsbereit

Die destruktive Balance in der U-Position

Die Positionen der Gesprächsteilnehmer sind klar verteilt. Herr Dr. Frei befindet sich in der übergeordneten Position. Frau Besser-Weiß und Herr Schleck in der untergeordneten Position.

Herr Frei hat sich als Bereichsleiter richtigerweise fast ausschließlich im autoritativen Feld aufgehalten. Dies hat er sehr bestimmt, aber gleichwohl mit dem notwendigen Respekt getan. Er hat sich angemessen übergeordnet.

Frau Besser-Weiß hat sich im anarchistischen Charakterfeld positioniert und dieses auch nie verlassen. Herr Schleck hat sich vorwiegend im devoten Charakterfeld bemüht und hat sich dadurch unangemessen untergeordnet.

Frau Besser-Weiß hat während dem ganzen Gespräch und auch danach nie das anarchistische Feld verlassen, im Gegenteil: Sie hat sich nach der Absage noch stärker in diesem Feld „eingemauert"!

Dieses Verhalten ist typisch für anarchistische Charaktere – sie sind nicht in der Lage, sich in ein anderes Feld zu begeben, weil sie felsenfest davon überzeugt sind, im Recht zu sein!

Diese Menschen brauchen eine starke Führung – die haben sie zum Glück in der Person von Dr. Frei.

Mit solchen Personen ist eine störungsfreie Zusammenarbeit in einer Hierarchie oder einem Netzwerk ein äußerst schwieriges Unterfangen.

Herr Schleck hingegen ist ein Schleimer! Er hat stets versucht, auf die devote und heuchlerische Art und Weise die Gunst von Dr. Frei zu erlangen und hat keine Chance ausgelassen, seine „schmierige" Wesensart unter Beweis zu stellen. Als ihm Dr. Frei mit deutlichen Worten seine Sicht der Dinge mitteilte, hat er das gemacht, was typisch ist für diese Menschen – er hat in das anarchistische Lager gewechselt!

Durch das bewusste oder unbewusste Wechseln in den unangemessenen Feldern ist er destruktiv balanciert. Eine destruierende Vorgehensweise, welche ausschließlich Störungen und Disharmonie verursacht!

Welchen Weg hat dann Schleck gewählt, als Dr. Frei allen dreien unmissverständlich mitteilte, dass sie unverzüglich mit ihren „Spielchen" aufhören sollen?

Er ist, genauso wie zuvor Gustav, wieder in das devote Charakterfeld gewechselt! Ein typisches Verhalten von diesen Menschen. Erreichen sie im devoten Feld nicht ihre Ziele, dann verbrüdern sie sich mit den anarchistischen Kollegen. Sobald auch dieser Weg nicht zielführend ist, wechseln sie wieder zurück ins unterwürfige Feld.

Die destruktive Balance von charakterschwachen Personen führt nie zu einem harmonischen und störungsfreien Miteinander.

Leider können Sie diese Verhaltensweisen auch in einem privaten Netzwerk oder teilweise sogar in Familien beobachten.

9

Die Wahrscheinlichkeit der gegenseitigen Infizierung

Gesetzmäßigkeiten gibt es nicht nur in der Physik oder in der Mathematik. Auch die Kommunikation zwischen Menschen – das menschliche Miteinander – folgt bestimmten Regeln.

Da die Gesetzmäßigkeiten in der zwischenmenschlichen Kommunikation jedoch nicht so absolut wie in anderen Bereichen sind, ist das Wort „Wahrscheinlichkeiten" anstelle von „Gesetzmäßigkeiten" die bessere Wahl.

Nicht nur das Verhalten der anderen, sondern genauso Ihr eigenes Verhalten ist mitentscheidend für die Qualität des Zusammenlebens oder Zusammenarbeitens in einer bestehenden Gemeinschaft.

Die Summe aller Signale, die Sie senden, ist vielfach der Auslöser für die Reaktionen Ihrer Partner – sowohl für die positiven wie auch für die negativen.

Diese Tatsache zwingt Sie zwar in die Verantwortung, ist aber gleichzeitig Ihre große Chance – in der übergeordneten wie auch in der untergeordneten Position!

© Springer Fachmedien Wiesbaden GmbH, ein Teil von
Springer Nature 2020 J. Isenschmid, *Kommunikation im Alltag*,
https://doi.org/10.1007/978-3-658-26636-3_9

Die Hauptverantwortung für ein harmonisches Miteinander in einem Netzwerk oder in einer Hierarchie liegt jedoch eindeutig bei der übergeordneten Position. In dieser Position sind Sie der Wegweiser, das Vorbild und die Triebfeder – auch im zwischenmenschlichen Verhalten.

Nicht umsonst besagt ein altes Sprichwort: „So wie man in den Wald hineinruft, schallt es heraus."

9.1 Unangemessenes Verhalten

Das autoritäre beziehungsweise das autoritätslose Charakterfeld in der übergeordneten Position sowie das anarchistische respektive das devote Charakterfeld in der untergeordneten Position sind das Ergebnis von unangemessenem Verhalten. Wie in den Beispielen dargestellt, werden in diesen Feldern die Störungen provoziert und ausgelöst.

Niemand ist gerne mit Menschen zusammen, die sich in diesen unangemessenen Feldern aufhalten, da dies durchwegs unangenehme Auswirkungen im Miteinander zur Folge hat. Gleichwohl finden Sie immer wieder Situationen vor, in denen diese Charakterfelder besetzt sind.

Wiederholt liegt der Grund für das unangemessene Verhalten in einer Infizierung durch eine oder mehrere andere Personen. Speziell das anarchistische oder devote Verhalten ist vielfach eine Schutzreaktion der Betroffenen!

Nehmen Sie die Beispiele der erfolgreichen Balance:

Was glauben Sie, welche Reaktionen würde Peter zeigen, wenn all seine Initiativen und seine Vorschläge von Edgar belächelt und auf eine inadäquate Art und Weise immer wieder zurückgewiesen würden? Wie würde Peter reagieren, wenn sich Edgar ihm gegenüber dauernd im autoritären Feld, in der unangemessenen Überordnung, aufhalten würde?

Spätestens nach dem dritten Mal würde Peter dieses Spiel nicht mehr mitmachen und sich leise sagen: „Dieser Edgar kann mich mal …! Das nächste Mal lasse ich ihn gegen die Wand laufen. So ein undankbarer Idiot!"

Er begibt sich frustrationsbedingt in den illoyalen, anarchistischen Bereich – bewegt sich fortan aus Überdruss mehrheitlich in den unangemessenen Feldern, da der Aufenthalt in den angemessenen Feldern nicht belohnt wird. Möglicherweise sucht er sich schon bald, still und heimlich, einen neuen Arbeitgeber.

Was glauben Sie, wie würde Robert reagieren, wenn seine Eltern sich konsequent so verhalten würden, wie in der dazugehörenden Variante 1 beschrieben? Was denken Sie, was würde Robert machen, wenn er keine Chance auf eine faire Diskussion erhalten hätte und seine Eltern ein striktes Verbot gegen seinen Tattoowunsch ausgesprochen hätten, ohne jegliche Begründung?

Seinen Freunden gegenüber würde er nicht mehr sehr positiv über seine Eltern reden, seine Hilfsbereitschaft zu Hause würde rapide sinken. Aus Missmut würde er sich vermehrt in den unangemessenen Feldern bewegen. Spätestens mit 18 Jahren würde er wahrscheinlich sein Tattoo stechen lassen, ohne vorher seine Eltern nochmals zu konsultieren.

Sowohl die Reaktion von Peter wie auch jene von Robert würden auf diese Weise durch das unangemessene Verhalten der übergeordneten Position provoziert – das Resultat einer Infizierung!

Unangemessenes Verhalten induziert unangemessenes Verhalten!

Ü	ü	u
i	herrschsüchtig, gefühllos **autoritär** tyrannisch, selbstherrlich	führungsschwach, mutlos **autoritätslos** überfordert, unzureichend
a	respektvoll, führungsstark **autoritativ** entscheidungsfreudig, besonnen	teamorientiert, aufrichtig **fair** geradlinig, gerecht

U	ü	u
i	illoyal, besserwisserisch **anarchistisch** destruktiv, aufsässig	heuchlerisch, bequem **devot** arglistig, unehrlich
a	mutig, ehrgeizig **initiativ** kreativ, selbstsicher	teamfähig, loyal **kooperativ** korrekt, hilfsbereit

Gegenseitige Infizierung (i)

Mit dem hauptsächlichen Aufenthalt in den unangemessenen Charakterfeldern ist die Wahrscheinlichkeit einer gegenseitigen Infizierung erheblich!

> Inadäquates Verhalten löst inadäquates Verhalten aus!

Dadurch wird das Zusammenleben oder Zusammenarbeiten in einer bestehenden Gemeinschaft zu einem trostlosen Unterfangen!

9.2 Angemessenes Verhalten

Das autoritative respektive das faire Charakterfeld in der übergeordneten Position, das initiative beziehungsweise das kooperative Charakterfeld in der untergeordneten Position sind das Ergebnis von angemessenem Verhalten.

Der Aufenthalt in diesen Charakterfeldern, verbunden mit einer erfolgreichen Balance, ist das Fundament für eine störungsfreie Zusammenarbeit oder ein störungsfreies Zusammenleben in einer Hierarchie oder einem Netzwerk.

Auch in den angemessenen Verhaltensbereichen nimmt die übergeordnete Position eine Vorbildfunktion ein. Durch das beispielhafte Vorleben und Balancieren zwischen dem autoritativen und dem fairen Charakterfeld können Sie die Menschen in den untergeordneten Positionen infizieren, damit sie es Ihnen in den initiativen und kooperativen Feldern nachahmen! Die Wahrscheinlichkeit, dass sie Ihr Verhalten in den ihrigen, angemessenen Feldern kopieren, ist weit größer, als wenn Sie sich fortdauernd in den unangemessenen Feldern positionieren.

Nehmen Sie als Beispiele zwei geschilderte Episoden:

Im Gesangs-Chor „Crescendo" hat es die Chorleiterin Elvira geschafft, dass sich auch in einer nicht ganz einfachen Situation alle Sängerinnen und Sänger in den angemessenen Charakterfeldern aufgehalten haben, obwohl die Mitglieder mit der auserwählten Komposition alles andere als glücklich waren.

Das initiative Verhalten von Maria, Sigrid und Klaus wurde von Elvira respektiert. Sie hat im richtigen Moment von einem Charakterfeld ins andere gewechselt und sich ständig in den angemessenen Bereichen bewegt. Dadurch hat sie den Chormitgliedern keinen Grund geliefert, sich ihr gegenüber devot oder anarchistisch zu verhalten. Erst deswegen konnte ein konstruktiver Problemlösungsprozess von allen Beteiligten durchgeführt werden.

Schauen Sie sich die Vorkommnisse in dem Dienstleistungsunternehmen an, in dem Dr. Frei dem Bereich „Service und Leistung" vorsteht. In seinem Geschäftsbereich ist es essenziell, dass sich Herr Frei konsequent in den angemessenen Feldern bewegt, da er einige schwierige Mitarbeitende in seinen Reihen hat:

Klaus Schleck bewegt sich bewusst im devoten Charakterfeld.

Die beiden Rebellen – Anna Besser-Weiß und Gerd Ziegler – sind von ihrer charakterlichen Veranlagung her hauptsächlich im anarchistischen, aufsässigen Feld zu Hause.

Wie bereits erwähnt brauchen die Menschen, die sich bewusst in diesen Charakterfeldern bewegen, führungsstarke Persönlichkeiten in der übergeordneten Position, damit sie durch ihr destruierendes Verhalten keine Unruhe in die bestehende Gemeinschaft bringen können.

In der Person von Herrn Frei haben sie genau diese Persönlichkeit als Vorgesetzten. Er hat allen dreien klar und deutlich mitgeteilt, was er von ihren „Spielchen" hält und sie aufgefordert, diese unverzüglich zu unterlassen. Er hat ihnen mittels angemessener Überordnung die Grenzen aufgezeigt und sie dadurch möglicherweise infiziert.

Alle drei haben nun nur noch eine Chance, um sich im bestehenden System positiv zu integrieren:

Entweder nehmen sie sich selbst in die Pflicht, sehen ein, dass sie im anarchistischen beziehungsweise devoten Charakterfeld bei Herrn Frei nicht weiterkommen, und konzentrieren sich auf die Tugenden der initiativen oder kooperativen Charakterfelder.

Sollten sie das nicht können, ist es für alle Beteiligten besser, wenn die drei ihr Glück an anderer Stelle suchen!

Dank der konsequenten, angemessenen Verhaltensweise von Herr Dr. Frei und der Wahrscheinlichkeit der gegenseitigen Infizierung könnte es Herrn Frei gelingen, alle drei in den positiven Bereich zu lenken. Hoffentlich!

Angemessenes Verhalten induziert angemessenes Verhalten!

9 Die Wahrscheinlichkeit der gegenseitigen ...

	Ü	ü	u
i		herrschsüchtig, gefühllos **autoritär** tyrannisch, selbstherrlich	führungsschwach, mutlos **autoritätslos** überfordert, unzureichend
a		respektvoll, führungsstark **autoritativ** entscheidungsfreudig, besonnen	teamorientiert, aufrichtig **fair** geradlinig, gerecht

	U	ü	u
i		illoyal, besserwisserisch **anarchistisch** destruktiv, aufsässig	heuchlerisch, bequem **devot** arglistig, unehrlich
a		mutig, ehrgeizig **initiativ** kreativ, selbstsicher	teamfähig, loyal **kooperativ** korrekt, hilfsbereit

Gegenseitige Infizierung (a)

Mit dem hauptsächlichen Agieren in den angemessenen Charakterfeldern ist die Wahrscheinlichkeit einer gegenseitigen Infizierung groß.

> **Adäquates Verhalten löst adäquates Verhalten aus!**

Dadurch wird das Zusammenleben oder Zusammenarbeiten in einem Netzwerk oder einer Hierarchie zu einem faszinierenden Erlebnis.

9.3 Fazit

Es besteht die Möglichkeit, sich durch das eigene Verhalten gegenseitig zu infizieren. Sowohl im positiven (+), wie auch im negativen (−) Bereich:

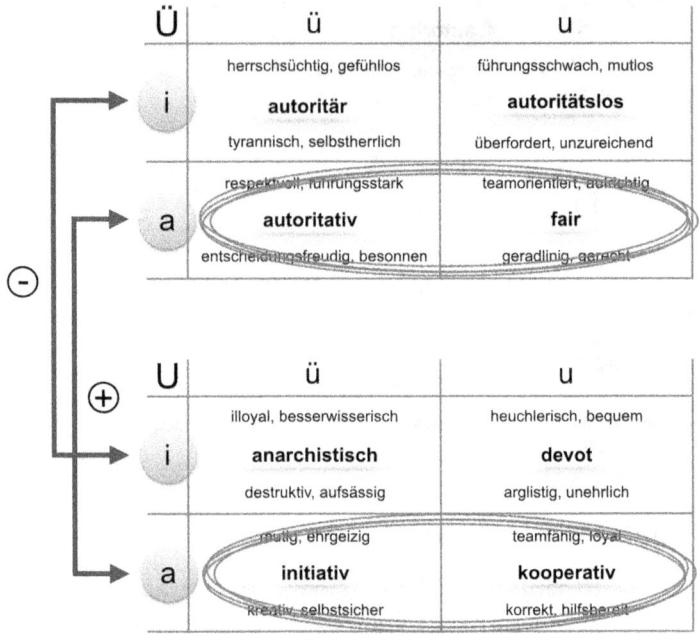

Übersicht der gegenseitigen Infizierung

Im negativen Sinn: Inadäquates (i) Verhalten löst inadäquates (i) Verhalten aus. Im positiven Sinn: Adäquates (a) Verhalten löst adäquates (a) Verhalten aus!

Zugegeben, es ist einfacher, aus der übergeordneten Position heraus diese gewünschten Verhaltensformen bei unseren Partnern auszulösen, aber auch in der untergeordneten Position haben Sie durch striktes Agieren respektive Reagieren in den angemessenen Charakterfeldern die Möglichkeit, den übergeordneten Positionen aufzuzeigen, wie man miteinander umgehen kann!

Diese Wahrscheinlichkeiten im menschlichen Miteinander sind für alle Beteiligten in einer bestehenden Gemeinschaft die fantastische Chance, viel zu einem schönen Miteinander beizutragen.

Das bedingt allerdings, dass sich jeder Einzelne dauernd hinterfragt und die Bereitschaft und Disziplin aufbringt, sich beharrlich und nachhaltig in den für ihn zutreffenden angemessenen Charakterfeldern zu positionieren!

10

Die digitale Kommunikation

Die digitale Kommunikation beschreibt, einfach gesagt, all das, was das geschriebene Wort oder eine optische Darstellung (Fotos, Grafiken etc.) in digitaler Form übermittelt. Dazu gehören unter anderem die bekannten Möglichkeiten wie SMS, WhatsApp, Twitter, Messanger, Instagram und E-Mails. Diese Informationen werden hauptsächlich mithilfe von Smartphone, Tablet, Laptop oder Computer weitergeleitet und/oder empfangen.

Die digitale Kommunikation ist eine Form des Austausches, welche die Gewohnheiten unseres kommunikativen Lebens bereits heute, aber auch in Zukunft ganz gewaltig reformiert! Inzwischen spielt sich teilweise mehr über diese Kommunikationskanäle ab als über die Gespräche von Angesicht zu Angesicht oder über das normale Telefongespräch.

Die digitale Kommunikation, Fluch oder Segen – oder beides zugleich? Auf den folgenden Seiten will ich versuchen, mithilfe unseres Polarisierungsmodells auf diese Frage einzugehen.

10.1 Die „Chatter"-Position

Wer kennt sie nicht – die „Chatter"-Position: leicht nach vorne gebeugt, das Smartphone oder Tablet in den Händen und vollständig eingetaucht in die Welt der digitalen Kommunikation. Eine Position, die Sie heute beinahe überall und zu jeder Tages- und Nachtzeit beobachten können. Ob Jung oder Alt – die „Chatter"-Position kennt mittlerweile fast keine Schranken mehr!

Fluch oder Segen?

Sämtliche Interaktionen, ob positive oder negative, im Zusammenleben beziehungsweise Zusammenarbeiten in einer bestehenden Gemeinschaft, leben stark von zwischenmenschlichen Signalen. Also von Mimik, von Gestik, von Augenkontakt, aber auch vom Tonfall oder von der Lautstärke des Sprechens – sie leben von der verbalen und nonverbalen Kommunikation der Partner.

Nur das Zusammenspiel sämtlicher Signale zeigt Ihnen, in welchem Charakterfeld sich eine bestimmte Person tatsächlich bewegt – nicht nur, WAS gesagt wird, ist entscheidend, sondern vor allem, WIE es gesagt wird. Das WIE können Sie ausschließlich von Angesicht zu Angesicht vollumfänglich wahrnehmen und beurteilen – in der digitalen Kommunikation nur sehr vage.

Die Kommunikationskultur in unserer Gesellschaft hat sich in den vergangenen Jahren ganz beträchtlich geändert. Dank all der technischen Errungenschaften hat in unserem Zusammenleben eine Veränderung in den zwischenmenschlichen Interaktionsformen stattgefunden.

Heute wird oft nicht mehr gesprochen – sondern es wird gechattet!

Das sind zwar wunderbare Wege und Möglichkeiten, die uns durch die mobile Technik erschlossen wurden, jedoch nur, wenn diese sinnvoll und mit dem notwendigen Respekt eingesetzt werden. Vieles wird in unserem Leben dadurch erleichtert, doch aufgepasst – nicht alles! Werte, Regeln und Normen haben auch in der digitalen Welt ihre Gültigkeit.

Leider können wir immer häufiger beobachten, dass es Menschen gibt, die versuchen, ihre Probleme, die zwischenmenschlichen Differenzen, Streit oder Unbehagen via WhatsApp oder E-Mails zu lösen. Das kommt selten gut – und ist wohl eher Fluch als Segen!

Die Forscherin Lori Schade sagt: „Grundsätzlich gilt: Wenn man nichts Nettes mitzuteilen hat, sollte man gar keine SMS schreiben!" Möglicherweise ein bisschen übertrieben, aber im Grundsatz stimmt diese Weisheit und kann auf jegliche Form des Chattens übertragen werden.

10.1.1 Auswirkungen

Welche Auswirkungen im Zusammenleben oder Zusammenarbeiten in einer bestehenden Gemeinschaft bringt nun die „Chatter"-Position effektiv mit sich?

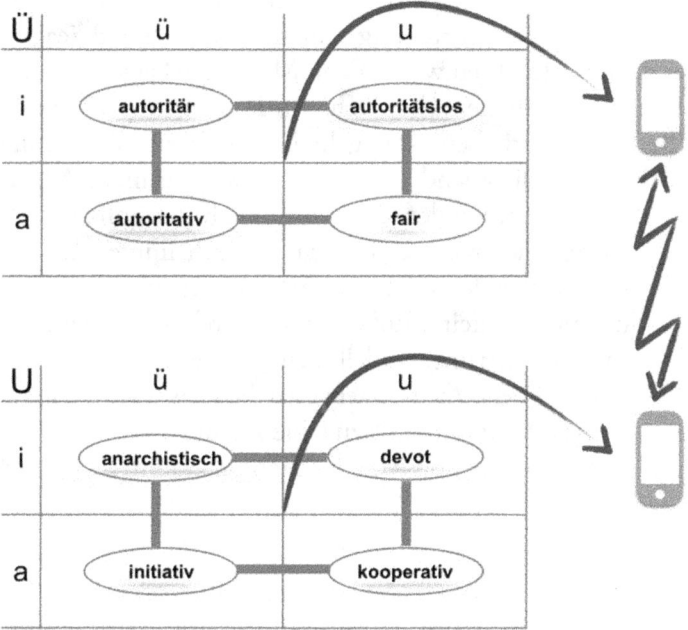

Im weitesten Sinne verlassen Sie das Polarisierungsmodell der jeweiligen Gemeinschaft, des Netzwerkes oder der bestehenden Hierarchie, sobald Sie die „Chatter"-Position einnehmen und in die digitale Kommunikation eintauchen. Wieso?

Sämtliche verbale und nonverbale Signale können in dieser Art der Kommunikation nicht mehr oder maximal diffus verspürt werden. Dadurch werden die so wichtigen Gefühlsregungen beinahe ausgeschaltet, da sie nicht mehr offensichtlich wahrgenommen werden können. Sie hören niemanden weinen oder lachen, Sie sehen keine runzelnde Stirn oder große Augen. Infolgedessen entstehen unzählige Interpretationsmöglichkeiten (siehe Abschn. 10.1.2), welche oftmals die vorhandenen Störungen nicht lösen, sondern intensivieren.

Nicht selten werden die Nachrichten aus Angst vor einer bestimmten Reaktion, oder weil die Situation unangenehm ist, oder aus einer momentanen Gemütsbewegung heraus versendet. Der Empfänger liest und muss interpretieren, da ihm die so wichtigen zwischenmenschlichen Signale zu einer objektiven Beurteilung fehlen. Entsprechend reagiert er. Die Nachrichten werden von Mal zu Mal aggressiver! In einem persönlichen Gespräch würde man möglicherweise die Stimme erheben. Das geht bei digitalen Nachrichten nicht, denn diese sind stumm! Also, was tut man? Anstatt laut zu werden, werden die Worte noch persönlicher und aggressiver und man begibt sich dadurch immer tiefer in eine destruktive Phase – bestimmt kein Segen!

Nun spielt es keine Rolle mehr, in welchem Charakterfeld im Polarisierungsmodell sich jemand bewegt, da für das „Gegenüber" nicht nachvollziehbar ist, wo sich der Partner positioniert hat. Dazu fehlen schlicht die notwendigen verbalen und nonverbalen Signale! Somit ist es auch dem Chatbeteiligten nicht mehr möglich, zwischen den angemessenen Feldern erfolgreich zu balancieren – die digitale Kommunikation lässt das nur noch sehr beschränkt oder gar nicht zu. Sämtliche am Chat beteiligten Personen bewegen sich nun außerhalb des Polarisierungsmodells, da sie verbal und nonverbal nicht mehr effektiv und wahrhaftig greifbar sind.

10.1.2 Interpretationsvielfalt

Gehörte Worte sind das eine – gelesene Worte das andere!

Die digitale Kommunikation hat ohne Zweifel viele Vorteile und erlaubt uns sehr zeitnah und aktuell zu agieren. Eines können wir aber nicht wegdiskutieren – wir sehen unsere Chatpartner nicht.

Das Wort wird nicht gehört – der Partner wird nicht gesehen – die Nachricht ist stumm!

Diese Tatsachen lassen uns viel Spielraum zur Interpretation.

Unter einer Interpretation im vorliegenden Sinne versteht sich die Erklärung oder die Auslegung eines Textes. Dies ist eine sehr persönliche Angelegenheit und hat viel mit dem eigenen Weltbild zu tun. Es hängt viel mit unseren Wünschen, Hoffnungen, Sehnsüchten und auch mit unseren Ängsten zusammen.

Erschwerend bei allen Chatmöglichkeiten kommt hinzu, dass eine Vielfalt von Interpretationsmöglichkeiten vorhanden ist:

- Wir versuchen zwischen den Zeilen zu lesen – eine schwierige Sache.

- Die blauen Häkchen – ja, er hat es gelesen, wieso kommt keine Antwort? Interessiert es ihn nicht? Will er nichts mit mir zu tun haben? Habe ich einen Fehler gemacht? Oder hat er schlicht keine Zeit?
- Emojis! Oje – jeder interpretiert sie anders – deshalb sollte man diese nicht zu stark gewichten, denn es gibt „Smileys" und „Smileys"!
- GROSSE BUCHSTABEN – schreit er mich damit an oder will er nur die Wichtigkeit herausheben?
- Drei Punkte am Schluss des Satzes! Was will er mir damit sagen? Was will er mir verheimlichen?

So gibt es unzählige Darstellungsmöglichkeiten, die uns dazu verleiten, in die verschiedensten Richtungen zu interpretieren und zu spekulieren – nicht immer ein Segen!

Beispiel
Simone ist eine 30-jährige unternehmenslustige Frau. Vor einem Jahr hat sie als selbstständige Grafikerin ihre eigene Firma gegründet. Natürlich ist das kein einfacher Schritt und so wie viele andere auch, kämpft sie täglich um Aufträge. Sie macht das aber gerne und ist mit Herz und Seele bei der Sache.

Vor einiger Zeit hat sie von Erich, einem erfolgreichen Unternehmer, eine Anfrage bezüglich eines neuen Werbeauftritts erhalten. Simone hat ein umfangreiches Konzept erstellt.

Vor 14 Tagen hat sie sämtliche Unterlagen per Post an Erich gesendet.

Bis zum heutigen Freitag hat sie noch nichts von Erich gehört und entscheidet sich am Vormittag mit Erich per WhatsApp in Verbindung zu treten. Folgender Chat ist dadurch entstanden:

10 Die digitale Kommunikation

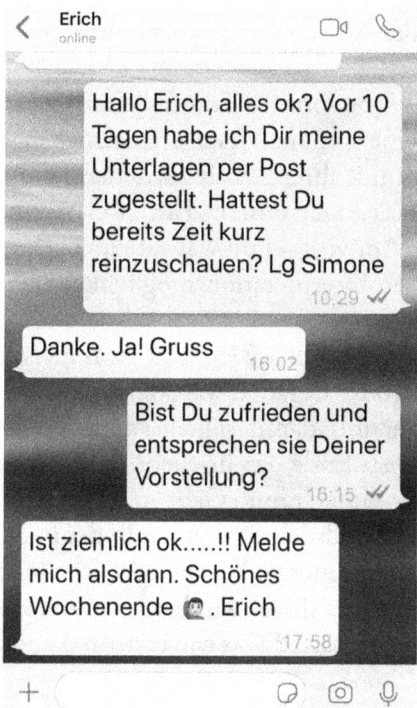

Um 10:29 Uhr hat Simone eine klare und freundliche Nachricht an Erich gesendet. Es ist eine Information bezüglich des Postversands und eine kurze Anfrage. Diese Message ist verständlich und gibt wenig Raum für Interpretationen.

Aufgrund der blauen Häkchen konnte Simone beobachten, dass Erich bereits fünf Minuten später die Nachricht gelesen hat. Um 16:02 Uhr, also mehr als fünf Stunden danach, erhält sie die kurze Antwort: „Danke. Ja! Gruß"

Nun beginnt die Interpretationsarbeit durch Simone:

- Wieso lässt er mich fünf Stunden warten?
- Was soll diese kurze Antwort?

- Interessiert ihn meine Arbeit womöglich gar nicht?
- Was soll das Ausrufezeichen nach dem „Ja"?

All diese unbeantworteten Fragen veranlassen Simone, um 16:15 Uhr eine weitere Message zu schicken. Sie will wissen, ob Erich mit ihrer Arbeit zufrieden ist und ob sie seinen Vorstellungen entspricht. Fast zwei Stunden später erhält sie seine Antwort – und was für eine! Eine Antwort mit einer Fülle von Interpretationsmöglichkeiten:

- „Ist ziemlich ok …!!" „Ziemlich", was heißt denn das? Ist das positiv oder negativ? Was sollen diese drei Punkte …? Was will er mir damit signalisieren? Wieso hat er den Satz nicht zu Ende geschrieben? „Ok": Meint er damit „Gut" oder einfach nur „Geht so"?
- „Melde mich alsdann": Was soll denn das bedeuten? Heißt das, kommende Woche oder in zwei Monaten?
- Und am Schluss dieses winkende Emoji: Auf Wiedersehen? Bis bald? Adieu? Was will er denn damit ausdrücken?

Ein kurzer Chatverkehr und unzählige Fragen und viele mögliche Antworten, aber keine Klarheit.

Simone kann nur lesen, sie empfängt keine verbalen oder nonverbalen Signale und kann dadurch auch nicht feststellen, in welchen Charakterfeldern in unserem Polarisierungsmodell sich Erich bewegt. Kein Lächeln, kein Blinzeln, kein Augenblick – nur ein simpler Chat! Simone wird am freien Wochenende viel Zeit zum Interpretieren haben – nicht unbedingt ein Segen!

10.2 Entfremdung durch Phubbing

Smartphones und Tablets haben in unserer Gesellschaft einen nicht unbedeutenden Stellenwert eingenommen. Bei vielen Menschen nehmen sie gar eine zentrale Rolle ein und sind aus ihrem Leben nicht mehr wegzudenken. Wo immer sich diese Menschen hinbewegen – das Smartphone ist ihr ständiger Begleiter. Kaum haben sie sich an einen Tisch gesetzt, so gilt die erste Handbewegung dem Mobilephone und es wird sofort auf den Tisch gelegt – egal ob mit Freunden beim Essen, bei einem Meeting mit Kunden, bei einer lustigen Stammtischrunde, in der Eisenbahn oder sogar bei einem romantischen Abend mit dem Liebsten! Sogar am Familientisch oder bei Geburtstagsfeiern kann man diese „Unart" beobachten. Nur mal schnell checken, ob es einen neuen Status auf Facebook gibt, die aktuellen Spielstände der laufenden Fußballspiele verfolgen, wie viele „Likes" hat das neue Bild auf Instagram bereits oder gibt es Meldungen auf WhatsApp. Es gibt unzählige Gründe, die Aufmerksamkeit dem Smartphone zu widmen.

10.2.1 Was ist Phubbing

Phubbing ist ein aus dem Englisch abgeleitetes Schachtelwort, bestehend aus „phone" (Telefon) und „snubbing" (to snub = brüskieren, vor den Kopf stoßen, schroff abweisen). Es beschreibt die Unsitte, jemanden zu brüskieren, indem man sich die meiste Zeit lieber mit dem griffbereiten und in Sichtweite liegenden Smartphone oder Tablet beschäftigt, anstatt sich achtungsvoll, einfühlsam und konzentriert seinem Gegenüber zuzuwenden.

Diese Eigenheit ist nicht nur unhöflich, sondern geradezu respektlos jenen Menschen gegenüber, mit denen ich gerade in gesellschaftlichem Kontakt bin. In unseren Kulturkreisen ist es üblich, den anderen zuzuhören, mit ihnen Augenkontakt auszutauschen und ihnen dadurch unsere Aufmerksamkeit zu schenken. Das hat viel mit Höflichkeit und Anstand zu tun. Sich lieber dem Smartphone zuzuwenden, als sich dem Gegenüber zu widmen, ist eine Geringschätzung erster Güte und Beleidigung zugleich.

Wer sich nicht geschätzt fühlt, sich nicht ernst genommen glaubt und hinter dem Smartphone erst an zweiter Stelle kommt, fühlt sich bestimmt nicht glücklich – sei dies in der Familie, mit Freunden oder mit Arbeitskollegen.

10.2.2 Beispiele von Phubbing

Mit den kommenden zwei Beispielen, welche ich selber beobachtet habe, will ich ihnen aufzeigen, dass dieses Phubbing-Verhalten leider mehr und mehr zu einer gesellschaftlichen Untugend heranwächst, die nur schwer aufzuhalten ist. Dazu braucht es eine Bewusstwerdung der eigenen Gewohnheiten, Selbstdisziplin und klare Regeln in der jeweiligen Gemeinschaft!

Abendessen im Skiurlaub
Eine Familie, Tochter (15) und Sohn (17) sowie Mutter und Vater, fahren eine Woche gemeinsam in den Skiurlaub. Am ersten Tag des gemeinsamen Familienurlaubs gehen sie zusammen in ein Restaurant zum Abendessen. Die Mutter hat einen Vierertisch reserviert. Um 19:00 Uhr nehmen sie Platz an ihrem Tisch.

Nun passiert etwas, was Sie möglicherweise auch schon beobachtet haben: Kaum hat sich jeder auf seinen Stuhl zurechtgerückt, haben auch schon alle ihre Smartphones in der Hand. Alle beginnen wie wild zu chatten – mit wem auch immer. Der Vater googelt in der Sportwelt, die Mutter wechselt WhatsApp-Nachrichten mit Freundinnen und die Kinder chatten mit Freunden oder sind auf Facebook aktiv. Die Bedienung fragt nach Getränken und bringt die Speisekarten.

Keiner spricht mit dem anderen. Null Kommunikation, kein Lachen, keine Fragen – einfach nichts Gemeinsames, außer dass sich jeder in seiner eigenen Welt der mobilen Möglichkeiten bewegt und keiner den anderen daran teilhaben lässt.

Nach 15 Minuten kommt die Bedienung und fragt, was sie gerne bestellen möchten. „Ach, wir haben noch nicht entschieden, geben Sie uns noch ein bisschen Zeit." In Tat und Wahrheit hat noch niemand die Karte auch nur geöffnet, sondern alle sind per Chat oder Google in einer anderen, eigenen digitalen Welt.

Nachdem sie dann endlich bestellt haben und jeder sein Essen vor sich hat, zeigt sich ein eigenartiges Bild: Neben jedem Teller liegt das jeweilige Smartphone, zum Glück auf „lautlos". Alle vier sind mit der einen Hand mit dem Abendessen beschäftigt und mit der anderen Hand am Telefon. Die Körperhaltung leicht nach vorne gebeugt, den Kopf in einem 30-Grad-Winkel nach unten gesenkt und die Augen zwischen Teller und Smartphone hin- und herschielend. Die eine Hand ist beim Essen, die andere Hand beim Tippen – geredet wird wenig bis nichts!

Es gibt Menschen, die nennen das „Polyvalenz" – ich nenne es „Entfremdung" in einer bestehenden Gemeinschaft – eine Folge von Phubbing! Ein Einzelfall? Nein, leider nicht.

Herbst in Apulien, 21:00 Uhr
Ein warmer Herbstabend in Süditalien. In einer romantischen Gartenwirtschaft unter einer natürlichen Laube. Kerzen auf dem Tisch, schöne Musik im Hintergrund und nette Menschen.

Ein Ehepaar, um die 60, wird vom Kellner an ihren Tisch begleitet und er fragt zugleich „Cosa desiderate?" Der Mann antwortet in holprigem Italienisch: „Vorrei una birra e per mia moglie uno spritz." Der Kellner fragt in recht gutem Deutsch: „Möchten Sie essen noch etwas?" Die Dame antwortet: „Ja, gerne." Der Kellner bedankt sich und geht.

Es vergehen keine zehn Sekunden, da hält die Dame ein iPad in den Händen und ihr Mann ein größeres Smartphone. Beide tippen wie wild auf ihren elektronischen Begleitern. Auch hier dasselbe Bild: leicht nach vorne gebeugt,

Kopfhaltung im 30-Grad-Winkel und jeder lebt in seiner eigenen digitalen Welt.

Als der Kellner die Getränke und die Speisekarte bringt, bemerken sie es kaum, weil sie derart mit ihren elektronischen Geräten beschäftigt sind. Gesprochen wird nichts, die bereitliegenden Speisekarten werden nicht beachtet und der Kellner kommt auch nicht mehr. Er hat wohl gemerkt, wie beschäftigt die beiden sind. Nach wortlosen 45 Minuten zahlen sie und gehen – das Essen scheinen sie vergessen zu haben!

Zusammenfassung
In beiden Begebenheiten dasselbe Bild: Physisch steht das Netzwerk wohl, aber mental befinden sich alle Teilnehmer außerhalb unseres Modells – die schleichende Entfremdung durch die digitale Welt der Kommunikation!

10.3 Fluch oder Segen

Die digitale Kommunikation mithilfe des Smartphones oder Tablets ist aus unserer Gesellschaft nicht mehr wegzudenken. Diese geniale Entwicklung begleitet uns tagtäglich und bestimmt bis zu einem gewissen Grad unsere Lebensgewohnheiten. Dies wird auch in Zukunft so sein – ob wir das wollen oder nicht. Ist es nun Fluch oder Segen? Je nach Situation ist es sowohl das eine als auch das andere.

Diese Art der Kommunikation bietet uns so unendlich viele Möglichkeiten: kurze Wege, schnelle Antworten, hohe Geschwindigkeit, Aktualität, kurze Reaktionszeit, es erleichtert uns mit Menschen in Verbindung zu bleiben, wir sind an fast allen Orten schnell erreichbar und sie kann Leben retten!

Die digitale Kommunikation kann sich allerdings auch negativ auf das Zusammenleben in unseren Netzwerken auswirken. Aus diesem Grund ist es von Vorteil, wenn man sich einige Grundsätze zu Herzen nimmt:

- Beenden Sie niemals eine Beziehung zu einem Mitmenschen per Chat.
- Überbringen Sie traurige Nachrichten persönlich.
- Zwischenmenschliche Probleme und Streit können kaum digital gelöst werden.
- Persönliche Angriffe oder gar Beleidigungen gehören in keine digitale Nachricht.
- Kündigungen sollten persönlich überbracht werden.
- Höflichkeit und Anstand stehen auch digital an erster Stelle.

Mit gezielten, kurzen und fröhlichen Botschaften können Sie viel zu einem positiven Miteinander in den verschiedenen Netzwerken auch via digitale Kommunikation beitragen:

- Chatten Sie kurz und klar.
- Ferienfotos verbunden mit lieben Grüßen sind stets willkommen.
- Vermeiden Sie so gut wie möglich „Interpretationsfallen".
- Beantworten Sie erhaltene Anfragen innert 24 Stunden.
- Es gibt auch eindeutige und fröhliche Emojis.
- Denken Sie immer daran, gesendet ist gesendet!
- Vergessen Sie nie – am Schluss kommt ein Gruß.

Wenn in allen Netzwerken, in der Familie, unter Freunden und am Arbeitsplatz diese einfachen Regeln konsequent eingehalten werden, so wird das Zusammenleben oder Zusammenarbeiten auch mit der digitalen Kommunikation ein Genuss. Und denken Sie immer daran, das Smartphone ist maximal so smart wie sein Benutzer.

10.4 Fazit

WhatsApp, Instagram, Twitter und E-Mail sind in unserer Kommunikation mit der Familie, mit Freunden, Bekannten und Arbeitskollegen zu einer alltäglichen Sache geworden und dadurch zu einem festen Bestandteil unseres Miteinanders. Etwas kann und darf aber diese Art des Austausches nicht ersetzen – das normale Gespräch von Angesicht zu Angesicht. Wieso?

Die digitale Kommunikation ist ein wunderbares Mittel, um kurze Informationen, Anfragen, Dokumente oder Fotos zu übermitteln – aber Sie werden es, trotz aller Emojis, nicht schaffen, dieselben Gefühle zu vermitteln wie in der persönlichen Begegnung von Mensch zu Mensch. Dazu fehlen die so wichtigen verbalen und nonverbalen Signale!

Sie sehen kein Schmunzeln, Sie hören kein Weinen, Sie erfahren keine Modulation der Stimme, Sie erleben nicht die Spannung einer Pause, Sie sehen kein Augenzwinkern, Sie erleben keine Verlegenheit, Sie entdecken keine strahlenden Augen und Sie fühlen keine wärmende Nähe.

Dadurch fällt es Ihnen schwer, den chattenden Partner einem Charakterfeld unseres Polarisierungsmodells zuzuordnen und Sie selber haben nicht die Chance, konsequent in den angemessenen Feldern hin und her zu balancieren! Sämtliche Teilnehmer befinden sich nun außerhalb des Polarisierungsmodells – eine schwierige Situation für ein erfolgreiches und störungsfreies Zusammenleben beziehungsweise Zusammenarbeiten.

Im persönlichen Gespräch können Missverständnisse vermieden werden. Sie schaffen schnell Nähe und Vertrautheit und ein Dialog von Angesicht zu Angesicht kann Beziehungen retten.

Eine Persönlichkeit lässt sich eben nicht mit all seinen faszinierenden Eigenheiten vollständig digitalisieren – so weit ist die elektronische Technik noch nicht – zum Glück!

11

Das eigene Verhalten

Sie haben bereits viel erfahren über das ideale Zusammenarbeiten oder Zusammenleben in einer bestehenden Gemeinschaft – in einer Hierarchie beziehungsweise in einem Netzwerk.

Die Wunschvorstellung besteht darin, dass Sie sich ausschließlich in den angemessenen Charakterfeldern bewegen, egal in welcher Position Sie sich befinden. Dass Sie sich zum richtigen Zeitpunkt adäquat überordnen, dass Sie bereit sind, sich angemessen unterzuordnen, dass Sie erfolgreich balancieren.

Dies ist die ausgereifte Form des konfliktfreien Miteinanders – dass sich jeder einzelne Teilnehmer in einer Familie, in einer Fachgruppe, in einer Arbeitsgemeinschaft oder in einem Team genauso verhält!

Doch im richtigen Leben ist das Verhalten der Menschen leider nicht immer in der absolut idealen Form zu beobachten. Jeder macht Fehler, jeder ist mal von der Rolle, bei so manchem nehmen die Gefühle plötzlich Überhand, mit der Beherrschung ist es kurzzeitig vorbei und das adäquate Verhalten „muss" zugunsten des inadäquaten Verhaltens weichen.

Alles ganz menschlich!

Wie sieht es wirklich aus in der Praxis? Welches Verhalten erleben Sie in den verschiedenen Problemlösungsprozessen? Wie verhalten sich die Menschen in all den unterschiedlichen Gemeinschaften? Wie verhalten Sie sich?

Die meisten Menschen neigen dazu, sich, je nach Situation, je nach Gefühlszustand, je nach Erregung, je nach Empfindung, abwechslungsweise in allen Charakterfeldern aufzuhalten – egal in welcher Position sie sich befinden!

11.1 In der übergeordneten Position

Bestimmt waren oder sind Sie, je nach Konstellation, öfter in der übergeordneten Position des Polarisierungsmodells platziert. Sei dies als Elternteil, möglicherweise als Vorgesetzter oder als Gesprächsleiter einer Diskussion, als Mitglied in einem Vereinsführungsgremium.

In welchen Charakterfeldern haben Sie sich bis dahin bewegt?

Überlegen Sie gut, bevor Sie diese Frage beantworten. Lassen Sie sich zuerst all die vielen verschiedenen Momente, in welchen Sie sich in der übergeordneten Position befunden haben, durch den Kopf gehen – die einfachen Momente, aber auch die schwierigen Situationen.

Seien Sie ehrlich zu sich selbst!

Bestimmt waren Sie schon etliche Male im autoritativen Charakterfeld und haben Ihre Entscheidungen und Verantwortungen respektvoll und führungsstark wahrgenommen. Ganz sicher haben Sie sich auch schon oft im fairen Feld, in der angemessenen Unterordnung aufgehalten, aufrichtig und teamorientiert den anderen Chancen gegeben, haben Initiativen überprüft oder sind gar einen Schritt zurückgegangen.

Doch – Hand aufs Herz!

Möglicherweise waren Sie auch schon im autoritären Feld und haben überlaut und selbstherrlich Ihre Meinung geäußert und keine Gegenrede mehr geduldet, weil Sie genervt und unbeherrscht waren.

Waren Sie nicht auch schon im autoritätslosen Charakterfeld anzutreffen und haben sich unzureichend durchgesetzt oder Dinge gesagt, die Sie nicht wirklich so meinten, oder sich gar von der mutlosen Seite gezeigt?

Seien Sie ganz ehrlich zu sich selbst, denn die Einsicht ist der erste Schritt zur Besserung!

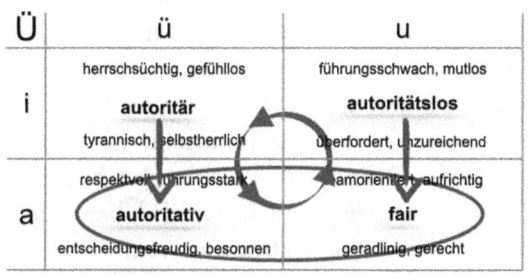

Das eigene Verhalten in der Ü-Position

Die meisten Menschen neigen dazu, sich in der übergeordneten Position in allen vier Charakterfeldern zu bewegen!

Obwohl Sie sich alle Mühe geben, sich hauptsächlich in den angemessenen Feldern aufzuhalten, passiert es bisweilen, dass Sie „ausrutschen" und in die unangemessenen Charakterfelder abgleiten – alles nur menschlich!

Natürlich ist es menschlich, doch um ein möglichst störungsfreies Miteinander in einer bestehenden Gemeinschaft zu erreichen, ist es unumgänglich, dass Sie es merken und fühlen, wenn Ihnen ein solches Entgleiten passiert, damit Sie Ihr unangemessenes Verhalten unverzüglich unterbrechen können, um sich wieder in die angemessenen Felder zu begeben.

Dies ist ein ständiger Prozess, bis Sie sich schlussendlich in der übergeordneten Position nachhaltig im autoritativen und fairen Bereich stabilisieren und entsprechend balancieren können!

11.2 In der untergeordneten Position

So wie die meisten Menschen waren bestimmt auch Sie schon öfter in der untergeordneten Position in einer Gemeinschaft integriert. In der Familie als Jugendlicher, in einem Unternehmen als Mitarbeitender, in einem Verein oder in einer Arbeitsgemeinschaft als herkömmliches Mitglied.

In welchen Charakterfeldern bewegen Sie sich in dieser Position? Positionieren Sie sich ausschließlich in den angemessenen Feldern? Sind Ihnen die devoten beziehungsweise anarchistischen Felder gänzlich fremd? Überlegen Sie zweimal, bevor Sie diese Fragen beantworten!

Seien Sie aufrichtig und redlich zu sich!

Ganz gewiss waren Sie schon vielfach im kooperativen Charakterfeld unterwegs und haben sich teamfähig und hilfsbereit in die Dienste Ihrer Kolleginnen und Freunde gestellt, haben geholfen wo immer man Sie brauchte. Zweifellos haben Sie sich ebenfalls schon oft im initiativen Feld aufgehalten, kreative Ideen entwickelt und versucht, diese durchzusetzen. Mutig und selbstsicher Ihre Meinung präsentiert, auch wenn diese nicht den Vorstellungen der übergeordneten Position entsprochen haben.

Nun – durchleuchten Sie sich selbst.

Unter Umständen waren Sie auch schon im anarchistischen Feld, in der unangemessenen Überordnung, und haben sich gegenüber der übergeordneten Position besserwisserisch, illoyal oder gar aufsässig verhalten. Dabei kein Blatt vor den Mund genommen, auch wenn Sie wussten, dass Sie verletzen. Vielleicht haben Sie mit Ihrer gewählten Vorgehensweise auch schon das devote Charakterfeld besucht und durch Süßholzraspeln oder heuchlerische Zugeständnisse versucht zu gefallen respektive bestimmte Annehmlichkeiten zu erlisten.

Sie selbst wissen es am besten. Doch die Lebensweisheit mit der „Einsicht" hat auch in der untergeordneten Position seine Richtigkeit.

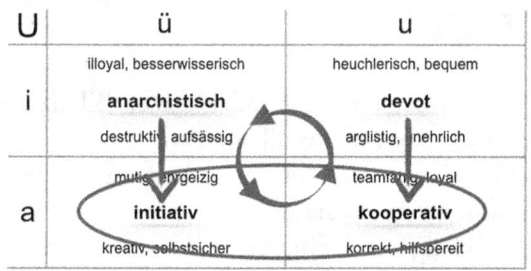

Das eigene Verhalten in der U-Position

Wie in der übergeordneten so auch in der untergeordneten Position neigen die meisten Menschen dazu, sich in allen vorhandenen Charakterfeldern zu bewegen.

Auch in dieser Position ist ein Großteil der Menschen bemüht, sich in den angemessenen Feldern zu bewegen. Sie sind bestrebt, möglichst oft im initiativen oder kooperativen Bereich zu agieren oder zu reagieren. Allerdings gibt es auch in dieser Position immer wieder Emotionen, Regungen, Enttäuschungen oder Schwächen, die Sie dazu verleiten, sich der inadäquaten Charakterfelder zu bedienen, weil Sie in diesem Moment glauben, es sei der bessere Weg.

Selbstverständlich gilt auch hier die These der Menschlichkeit.

Damit Sie jedoch ein harmonisches Miteinander in einer Hierarchie oder in einem Netzwerk unterstützen können, ist es unerlässlich, dass Sie erkennen und bemerken, wann immer Sie sich in den unangemessenen Feldern tummeln. Nur wenn Sie es selber verspüren, können Sie reagieren und Ihr Verhalten lenken, damit wieder die angemessenen Bereiche Ihr Benehmen steuern und beeinflussen.

Selbstdisziplin und Bescheidenheit kann Sie dabei unterstützen, diesen Prozess wirkungsvoll anzukurbeln und zu gestalten!

11.3 Fazit

Ich will mich diesem Fazit oder dieser Bilanz in keiner Weise entziehen, da es uns alle betrifft!

Wir alle wissen, dass der Aufenthalt im autoritären, im autoritätslosen, im anarchistischen oder im devoten Charakterfeld wenig bis nichts zu einem harmonischen und störungsfreien Miteinander beiträgt.

Wir alle wissen, dass selbstherrliches und gefühlloses Auftreten höchstens ungläubiges Kopfschütteln erzeugt. Wir wissen, dass führungsschwaches und mutloses Vorgehen zu Konfusionen und Verwirrung führt.

Wir alle wissen, dass besserwisserisches und destruktives Gehabe selten zum Ziel führt und wir alle wissen, dass Arglist und Unwahrheiten gepaart mit heuchlerischen Eingeständnissen meistens Unglück bringen.

Und doch sind wir alle nicht davor gefeit, diese Charakterfelder gelegentlich zu betreten!

11 Das eigene Verhalten

	Ü ü	u
	herrschsüchtig, gefühllos	führungsschwach, mutlos
i	**autoritär**	**autoritätslos**
	tyrannisch, selbstherrlich	überfordert, unzureichend
a	respektvoll, führungsstark **autoritativ** entscheidungsfreudig, besonnen	teamorientiert, aufrichtig **fair** geradlinig, gerecht

	U ü	u
	illoyal, besserwisserisch	heuchlerisch, bequem
i	**anarchistisch**	**devot**
	destruktiv, aufsässig	arglistig, unehrlich
a	mutig, geizig **initiativ** kreativ, selbstsicher	teamtreu, loyal **kooperativ** korrekt, hilfsbereit

Das eigene Verhalten korrigieren

Obwohl wir wissen, dass die inadäquaten Charakterfelder im Zusammenleben und Zusammenarbeiten nur Störungen und Disharmonie erzeugen, neigen wir Menschen dazu, uns sowohl in der übergeordneten wie auch in der untergeordneten Position je nach Situation abwechslungsweise in allen vier Charakterfeldern zu bewegen.

Obwohl wir alle wissen, dass wir dadurch Unverständnis oder Kummer auslösen können, passiert es fast jedem von uns, dass wir zuweilen in den unangemessenen Feldern unser Heil suchen.

Auch wenn dieses Verhalten menschlich ist – leider bringt es uns nicht weiter!

Wir alle sollten uns bewusst selber disziplinieren, damit wir merken, wenn sich unser Verhalten in den inadäquaten

Feldern „verselbstständigt". Sollten wir es trotzdem nicht selber spüren, so sollten wir wenigstens die Größe besitzen, Kritiken in diese Richtung ernst zu nehmen und uns verstärkt zu hinterfragen. Nur auf diese Weise sind wir in der Lage, das unangemessene Verhalten zu unterbrechen und uns in die zielführenden und Erfolg versprechenden adäquaten Charakterfelder zu begeben!

Denn wir alle wissen doch, dass respektvolles und entscheidungsfreudiges Auftreten verbunden mit Führungsstärke zum Erfolg führt. Wir wissen doch, dass teamorientiertes, geradliniges und gerechtes Vorgehen viel Vertrauen und Sicherheit erzeugt. Wir alle wissen doch, dass kreatives und selbstsicheres Agieren kombiniert mit Freude und Humor begeistert. Wir wissen doch alle, dass kooperatives und hilfsbereites Handeln viel Sympathie und Begeisterung auslöst.

Also packen wir's an!

Nur durch das konsequente und beharrliche Verhalten in den angemessenen Charakterfeldern wird es uns gelingen, ein wunderbares Miteinander in einer bestehenden Gemeinschaft nachhaltig zu kreieren.

12
Schlusswort

Mit diesem Buch will ich Ihnen aufzeigen und darstellen, wie einfach es doch wäre, gemeinsam, ohne viel Störungen und Reibereien, das Zusammenleben oder Zusammenarbeiten zu einem tollen Erlebnis zu formen.

Dieses Buch erhebt keinen wissenschaftlichen Anspruch – **ich habe aus dem Leben für das Leben geschrieben.**

Doch alle meine Darstellungen und Worte, alle Ihre guten Vorsätze und alle angemessenen Verhaltensweisen, ob in der übergeordneten oder in der untergeordneten Position, nützen wenig, wenn nicht eines der wichtigsten „Wundermittel" vorhanden ist:

Die uneingeschränkte Daseinsfreude!

Diese Daseinsfreude manifestiert sich durch drei F's und drei H's:

F....reude
F....aszination
F....euer

Freude
Die Freude, gemeinsam etwas zu erreichen. Die Freude, sich in Gesellschaft bewegen zu dürfen. Die Mitfreude am Erfolg der Freundinnen und Freunde. Die Freude am eigenen Familienleben. Die Freude an einer konstruktiven Zusammenarbeit im Unternehmen. Kurz: die Freude am gemeinsamen Leben!

Faszination
In der Lage sein, andere zu begeistern – aber auch von anderen begeistert werden zu können. Die Faszination am Miteinander erkennen. Die Faszination der adäquaten Charakterfelder herausfinden wollen. Kurz: die Faszination des Zusammenlebens!

Feuer
Das innere Feuer muss brennen, um die anderen mitzureißen. Die Flamme eines einzigen Kerzendochts reicht aus, um viele andere Kerzen zu entflammen (Emil Baschnonga). Das Feuer der eigenen Energie entfachen und fühlen! Kurz: das Feuer des Miteinanderlebens spüren!

Alle theoretischen Aufzeichnungen und alle schönen Illustrationen in diesem Buch bringen wenig, wenn die uneingeschränkte Daseinsfreude fehlt.

H....irn
H....erz
H....umor

Hirn
Die Menschen sind mit einem wundersamen Organ ausgestattet worden – dem Gehirn. Bei jedem funktioniert es gleich und doch funktioniert es auch bei jedem anders. Das Hirn ist zum Benutzen da, setzen Sie es ein, denken Sie nach. Erwägen – bedenken – überlegen – beurteilen! Alles Hirntätigkeiten, die Ihnen dabei helfen, die richtigen Charakterfelder zu betreten.

Herz
Mit Herz und Seele dabei sein – mit Herz und Seele mitmachen! Lassen Sie zwischendurch auch mal Ihr Herz sprechen. Zeigen Sie Gefühle und lassen Sie Gefühle zu. Und nicht vergessen – oftmals kennt das Herz einen besseren Weg!

Humor
Das Leben ist zu kurz, um den Humor zu vergessen. Nehmen Sie's mit Humor. Gemeinsam lachen, gemeinsam schmunzeln – auch über sich selber lachen können. Gemeinsam Spaß an der Sache haben. Schöpfen Sie aus der Quelle der Fröhlichkeit!

Nun, ein letztes Mal – „unser" Polarisierungsmodell.

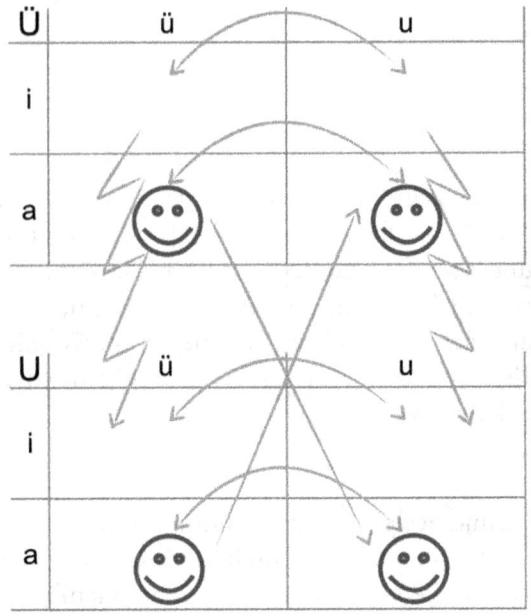

Die Daseinsfreude

Alle Pfeile in unserem Modell, alle Blitze zwischen den Charakterfeldern, alles erfolgreiche Balancieren, alle gegenseitigen Infizierungen und alle noch so guten Ratschläge bringen Sie keinen Millimeter weiter, wenn keine Menschen mit einer ansteckenden Daseinsfreude in den angemessenen Feldern beheimatet sind!

Gehen Sie mit gutem Beispiel voran!

Ich wünsche Ihnen für das Zusammenleben in Ihren unterschiedlichsten Gemeinschaften viel Freude, viel Spaß und Gottes Segen!

GPSR Compliance
The European Union's (EU) General Product Safety Regulation (GPSR) is a set of rules that requires consumer products to be safe and our obligations to ensure this.

If you have any concerns about our products, you can contact us on

ProductSafety@springernature.com

In case Publisher is established outside the EU, the EU authorized representative is:

Springer Nature Customer Service Center GmbH
Europaplatz 3
69115 Heidelberg, Germany

www.ingramcontent.com/pod-product-compliance
Lightning Source LLC
LaVergne TN
LVHW020344260326
834688LV00045B/1531